# AGIL MENTE

# AGIL MENTE

APRENDA COMO FUNCIONA O SEU CÉREBRO PARA POTENCIALIZAR A SUA CRIATIVIDADE E VIVER MELHOR

ESTANISLAO BACHRACH

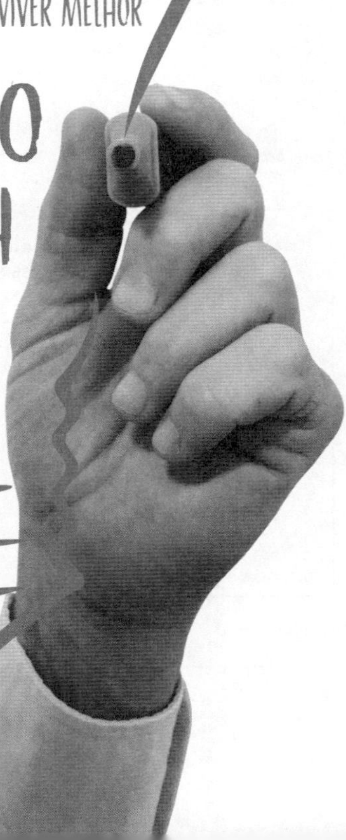

**EDITORA HÁBITO**
Avenida Recife, 841 — Jardim Santo Afonso — Guarulhos, SP
CEP 07215-030 — Tel.: 0 xx 11 2618 7000
atendimento@editorahabito.com.br — www.editorahabito.com.br


Originalmente publicado em espanhol sob o título: *ÁgilMente: Aprende como funciona tu cérebro para potenciar tu creatividad y vivir mejor*
Publicado com autorização contratual com
Penguin Random House Grupo Editorial. S.A.U.
(Travessera de Grácia, 47-49, 08021, Barcelona, Espanha)



Todas as citações foram adaptadas segundo o Acordo Ortográfico da Língua Portuguesa, assinado em 1990, em vigor desde janeiro de 2009.

Todos os grifos são do autor.

*Editor responsável:* Gisele Romão da Cruz
*Editor-assistente:* Amanda Santos
*Tradução:* Reginaldo Souza
*Revisão de tradução:* Elaine Azevedo
*Revisão de provas:* MelhorArte em idiomas
*Projeto gráfico e diagramação:* Claudia Fatel Lino
*Capa:* Arte Hábito

**1. edição:** jan. 2022

**Dados Internacionais de Catalogação na Publicação (CIP)**
**(Câmara Brasileira do Livro, SP, Brasil)**

Bachrach, Estanislao
Agilmente / Estanislao Bachrach ; [tradução Reginaldo Souza]. -- 1. ed. -- São Paulo : Editora Hábito, 2022.

Título original: *Ágilmente :* aprende cómo funciona tu cerebro para potenciar tu creatividad y vivir mejor
ISBN 978-65-996667-3-5
e-ISBN: 978-65-996667-2-8

1. Habilidade criativa 2. Imaginação I. Título.

21-96090 CDD-153.35

**Índices para catálogo sistemático:**
1. Criatividade : Psicologia 153.35
Cibele Maria Dias - Bibliotecária - CRB-8/9427

# SUMÁRIO

# PRÓLOGO

Os avanços tecnológicos dos últimos dez anos no campo da neurociência têm sido fascinantes, especialmente aqueles centrados em compreender melhor o cérebro e sua íntima relação com a mente. Pela primeira vez, a tecnologia pôde ver, dentro de nossa cabeça, a fiação elétrica das células que nos permite fazer novas conexões baseadas nas já estabelecidas por nossa experiência. Podemos obter fotos dos pensamentos utilizando *scanners* cerebrais e medir o grau de agitação dos neurônios à medida que vão chegando a uma solução.

Estamos em um momento fundamental para entender tudo o que hoje sabemos sobre como funcionamos, quem somos e como nós, seres humanos, somos **cerebralmente**. Como veremos ao longo deste livro, isso pode nos ajudar a melhorar nossa qualidade de vida em diversos sentidos. Tenho convicção de que só poderemos mudar nosso cérebro se soubermos como ele funciona.

*Agilmente* parte da intenção de desmitificar os conhecimentos, muitas vezes falsos, que possuímos acerca do cérebro e da vontade de promover tudo o que ainda se pode conhecer sobre ele para utilizá-lo em nosso favor a fim de sermos mais criativos. A criatividade pode parecer um truque de mágica que vem de lugar nenhum. No entanto, hoje começamos a compreender como funciona essa magia criativa. Quando entendermos como nossa criatividade funciona, poderemos fazer que funcione para nós.

Mesmo que não saibamos, a neurociência tem um impacto enorme em nossa vida cotidiana. Muitas vezes, a complexa linguagem científica não nos permite ter acesso às apaixonantes informações que essa ciência tem para nos transmitir sobre o mundo e sobre nós mesmos. Como cientista, quero fazer você viajar pelas mais brilhantes pesquisas de especialistas em criatividade e neurociência da atualidade e do passado. Hoje, mediante a tecnologia avançada, é muito mais fácil continuar aprendendo e ser mais criativo até nosso último dia de vida. Meu objetivo é que você possa experimentar e, então, perceber que mais criatividade em sua vida significa não só ser capaz de solucionar problemas, desbloquear conflitos ou destacar-se no trabalho, mas ter uma vida melhor e mais plena.

Vivemos em uma sociedade globalizada, na qual produtos e serviços são cada vez mais parecidos e, muitas vezes, é difícil diferenciá-los entre si. A tecnologia e o conhecimento técnico são cada vez mais fáceis e baratos de adquirir, não importa se estamos em Singapura, na China, no Chipre, na Jamaica ou na Argentina. Muitos dos conhecimentos tão desejados e procurados no século passado já não representam um desafio. Empresas, governos e organizações precisam da criatividade de seus colaboradores para se destacarem dos demais. São as pessoas mais empáticas e criativas que fazem a grande diferença na sociedade, na economia, na educação e no comércio. A lógica, como a entendemos, é necessária, mas não é suficiente. As organizações procuram ter, entre seus funcionários, pessoas capazes de sentir empatia pelas outras (sejam elas clientes, empregados, colegas, sócios ou alunos), para compreender melhor suas necessidades, suas inquietações, seus gostos, suas satisfações e expectativas. Pessoas que consigam pensar de maneira criativa e inovadora para oferecer serviços e produtos diferentes, que ofereçam melhores experiências. No entanto, esse tipo de pessoa está em falta na sociedade.

Em nosso sistema educacional, desde o início até hoje, tem prevalecido a importância do ensino assim como do desenvolvimento da análise lógica e do raciocínio dedutivo (que dominou o século XX), e não de nossa capacidade empática e criativa (necessária para conquistar o século XXI).

Desenvolver sua criatividade é um assunto do seu interesse, independentemente de quem você é de onde trabalha. As pessoas que demonstram curiosidade e coragem tornam-se indispensáveis em qualquer organização; são promovidas e recompensadas. Quem consegue formular alternativas aos grandes ou pequenos problemas que enfrentamos na sociedade causa um verdadeiro impacto.

Neste livro, usarei os avanços científicos e os estudos realizados sobre nosso *cérebro/mente* para que você o conheça como nunca conheceu. Utilizarei a ciência para oferecer algumas alternativas em forma de técnicas que aumentem sua capacidade criativa no dia a dia.

Avancemos um pouco. Se observarmos qualquer criança antes dos seis anos, só poderemos afirmar que somos criativos desde o nascimento. No entanto, pouco depois a escola e a sociedade começam a pedir para deixarmos de usar esses circuitos neuronais para nos concentrarmos principalmente nos outros: a lógica e a análise. Estes se tornam nossos padrões de pensamento dominantes. Há muitos anos, os cientistas acreditavam que a criatividade em jovens e adultos era uma causa perdida: os neurônios e as sinapses não utilizados por um tempo eram irrecuperáveis. A boa notícia é que hoje a ciência mostra, de maneira muito precisa, que não é dessa forma. Como já disse, **o cérebro tem a capacidade de regenerar-se e seguir aprendendo até os nossos últimos dias.** Todos podemos ser mais criativos se utilizarmos as técnicas e os métodos corretos para estimular os neurônios e suas conexões que, na maioria de nós, foram pouco utilizados. Para compreender isso, vamos imaginar o cérebro como um músculo e nossa vida como uma preparação para uma corrida. Se passarmos a maior parte da vida treinando apenas uma parte desse músculo, a outra ficará atrofiada. Contudo, hoje sabemos que o músculo atrofiado pode ser recuperado com disciplina, vocação e exercício. No fim do caminho, se o fizermos, comprovaremos que somos mais criativos e poderemos usar essa habilidade para ter uma melhor qualidade de vida.

*Agilmente* trata do nosso talento mental mais valioso: a habilidade de imaginar coisas que nunca existiram e de ser criativo. Muitas vezes pensamos na criatividade como algo que vem de fábrica, que só acontece com os outros ou que não é de nossa competência. No entanto, nossa vida é definida graças à criatividade humana. Seu celular, seu poema preferido, a poltrona tão confortável em que você se senta para ler, a calefação silenciosa que o protege do frio, aquela música que o faz lembrar de um ente querido, o comprimido para dor de cabeça.

Por fim, *Agilmente* é um convite a um *spa* cerebral, em que você aprenderá a cuidar, mimar e voltar a colocar sua mente e sua criatividade em plena forma.

# INTRODUÇÃO

Era um domingo de sol em Buenos Aires. Eu e minha filha estávamos em seu brinquedo favorito: o balanço. Nesse momento, Uma tinha dois anos recém-completados e podia passar cerca de 45 minutos indo e vindo no ar, às vezes olhando para o céu e jogando o pescoço para trás. Eu gostava de balançá-la de frente e ver o seu sorriso permanente em pleno desfrute do momento. De maneira ingênua e adulta, a cada dois minutos perguntava se ela queria ir ao escorregador ou à gangorra, achando que já estaria entediada. Para mim, era difícil entender como ela conseguia passar tanto tempo ali. Obviamente, usava minha contagem de tempo, não a dela. De vez em quando, meus braços paravam de empurrar, e eu via meus *e-mails* no iPhone, lia o jornal na internet ou enviava alguma mensagem. Fazia isso estrategicamente, de modo que, ao perder o impulso, antes que Uma pedisse, voltava a empurrá-la para que seus cachos balançassem contra o apoio do balanço. De repente, ela falou, ainda com um sorriso: "Papai, o celular, não". Fui para trás dela e comecei a balançá-la dali, tentando enganá-la e insistindo no *touchscreen* da telinha. Três minutos depois, mas desta vez sem sorriso, sem "papai", ela gritou: "O celular, não!". Guardei-o no bolso a contragosto, mas convencido de que o errado era eu. Minha filha Uma sentia que eu não estava ali com ela por inteiro, e era verdade. Foi uma lição importante e, desde então, optei por não levar mais o celular ao parque. Toda vez que saíamos de casa, mostrava a Uma que o deixava sobre a mesa do *hall* de entrada, e isso lhe dava uma predisposição muito melhor para percorrer os sete quarteirões a caminho do parquinho do bairro.

Contarei o que aconteceu por volta da terceira vez que fomos ao parquinho sem meu celular. Minha filha Uma preferia, agora, que eu a balançasse por trás. Meus braços iam e vinham em uma espécie de transe e com uma cadência relaxante. Logo ideias começaram a pousar em minha cabeça, podia vê-las e tocá-las bem na minha frente; iam chegando uma após a outra sem ordem nem tempo de reação. O que fazer no fim de semana, como apresentar um projeto a um cliente, como preparar uma aula nova e até como inventar acessórios de chuveiro ou tornar os brinquedos do parque mais seguros para as crianças. E daí até o infinito. Quando Uma comentava sobre uma pomba ou outra criança no parque ou me pedia uma bala, eu demorava uns segundos para responder e sair desse mosteiro de ideias. No entanto, ela parecia gostar um pouco de me ver desconcertado por alguns segundos. Ela ria e dizia: "Papai! Papai! Está maluco?".

Nessa tarde, durante o caminho de volta para casa, notei que muitas das ideias que me ocorreram naquele lugar, por trás do balanço, já estavam esquecidas. De algumas eu me esquecia por completo, de outras, eu sabia que se tratava de algo relacionado a um cliente, por exemplo, mas não conseguia lembrar-me especificamente *do quê.*

À noite, já na cama antes de dormir, tinha certeza de que muitas coisas me ocorreram naquele parque, algumas triviais, conhecidas, mas também outras não tão comuns: "criativas" ou novas para mim. Contudo, não me lembrava de nenhuma. Também me esqueci desse ocorrido até que voltei a balançar Uma e aconteceu de novo. Duas vezes seguidas, não podia ser coincidência. Com minha formação científica, eu me propus a investigar o que estava acontecendo e, a partir daí, cada vez que ficava atrás do balanço e começava a sequência "o sorriso de minha filha e seus cachos dourados", esperava, de maneira consciente e alerta, mais uma vez me ver envolvido em minha chuva particular de ideias. Obviamente, isso não acontecia quando eu queria e me esforçava para conseguir.

Em conferências internacionais de negócios, muitas vezes escutei que mais de 90% dos produtos e serviços novos ou inovadores que consumimos e desfrutamos surgem de ideias que ocorrem a funcionários "comuns" fora do ambiente de trabalho. Como no balanço com minha filha Uma.

Há dois anos, eu me dedico a estudar essas empresas inovadoras e consegui falar com muitos funcionários interessantes de diferentes hierarquias, culturas, empresas, países, idiomas e indústrias, para chegar à mesma conclusão: **as ideias podem aparecer a qualquer momento, mas fundamentalmente se manifestam com mais frequência quando estamos mais relaxados**. Por probabilidade matemática, quanto mais ideias aparecem em nosso consciente, mais chances de alguma delas ser boa, melhor, nova, criativa e diferente. Alguns chamam de *brainstorming reverso*. Em vez de exigir que o cérebro gere ideias às duas horas da tarde de terça-feira quando o gestor quer, deve-se aproveitar o fato de que a mente funciona 24 horas todos os 365 dias do ano e fazê-la render ao máximo. E assim acontece: todos temos pelo menos um ou dois lugares, momentos ou situações, durante o dia ou durante a noite, em que uma tempestade de ideias invade nosso consciente. No carro, no banho, no metrô, na cama, no banheiro, no churrasco, nos esportes, jogando, meditando, dormindo etc. Seguindo os conselhos de funcionários de organizações muito inovadoras, de artistas e até de engenheiros japoneses da Toyota, comecei a levar sempre um bloco de notas ao parque para capturar as ideias imediatamente.

Hoje se sabe que esquecemos a maioria das coisas que pensamos e, com elas, as ideias que temos. Magicamente, Uma não se incomoda que o papai desenhe no caderninho, como ela chama, enquanto ela está no balanço. Pelo contrário, ela também leva um caderno para desenhar e compartilhar um verdadeiro momento entre pai e filha. Esse caderninho é, hoje, parte fundamental do meu corpo. Nesse bloco de notas, catalogo os projetos que quero desenvolver, colocando o título no topo da página. É muito mais eficaz anotar as ideias sob o título de um projeto, como se fossem etiquetas, do que escrevê-las uma debaixo da outra. Dessa maneira, quando a pessoa quer voltar ao que escreveu, é mais fácil encontrar o tópico.

Era 5 de setembro de 2011, eu estava sentado no aeroporto El Dorado de Bogotá, esperando para voltar a Buenos Aires. Abri o caderninho e percebi que, a cada dez, vinte páginas, um título diferente em letras maiúsculas domina a primeira página, seguido de garranchos quase ilegíveis: as ideias. Entre meus projetos atuais estão: aulas em Mendoza, Congresso em Cartagena, Palestra na Coca-Cola, Neuromarketing, Costa Rica 2011, Sarmento inovador, Vários, Educação executiva. Nesse tempo morto de espera no aeroporto, me disponho a repensar minhas ideias. É ali que, com a caneta na mão, leio ideias de projetos que já foram colocados em prática e atrapalham o campo visual: risco-as. As ideias têm uma vida limitada no caderninho. Enquanto vou riscando, chego ao título de projetos "Vários", e uma frase me chama a atenção. Não recordo quando, mas, em algum momento, elevei-a à décima potência. Em meu código pessoal, elevar uma ideia a certa potência significa que já pensei nela muitas vezes em várias ocasiões diferentes.

Por exemplo: "Escrever um livro$^{10}$", que anotei em tinta preta, quase atravessando o papel.

Chegou a hora de fazer isso. Aqui vou eu.

---

O ato de escrever qual é o seu desafio criativo pode disparar ideias criativas em sua mente. Você deve escrever.

---

CAPÍTULO 1

# CHEGA DE PADRÕES

## Genes e memes

Seja você quem for, sua mente pode mudar, e isso só depende de você. Não importa o quanto você ou outras pessoas o considerem criativo, isso pode melhorar. Sua criatividade pode expandir-se. Durante muito tempo, os gurus da criatividade — alguns estavam certos, outros, nem tanto — nos diziam, segundo sua experiência pessoal ou intuição, como ser mais criativo. Hoje, a neurociência combinada com a tecnologia avançada é clara e concisa: seu cérebro pode continuar aprendendo e mudando até a hora da morte, propriedade conhecida como neuroplasticidade. Não importa o que você passou nem sua genética. Sua mente, isto é, a forma como você usa seus pensamentos, pode modificar a estrutura e a anatomia de seu cérebro. Enquanto você começa a ler *Agilmente*, seu cérebro é um, com certas conexões neurais particulares. Ao terminar a leitura, será outro, com outras conexões. Sem dúvida, será um cérebro melhor, pois você terá aprendido a conhecer seu potencial e algumas de suas limitações. E se, além disso, você aplicar as técnicas que eu proponho, com regularidade e disciplina (que você encontrará destacadas enquanto passeia pelas páginas), seu potencial criativo aumentará de um modo que não só você perceberá, mas também as pessoas que o rodeiam diariamente no trabalho, em casa, na escola, no lugar onde estuda ou com os amigos. Eu vejo e experimento essas mudanças fantásticas não apenas em mim mesmo, pois fui minha primeira cobaia, mas também em centenas de pessoas com quem tenho a sorte e a alegria de trabalhar em diferentes organizações. Quero compartilhar esses conhecimentos com todos os leitores e ajudá-los a serem **mais criativos**, o que proporcionará, ainda que pouco, uma vida mais plena e feliz.

Como os seres humanos chegaram até aqui? Poderíamos dizer que continuamos na Terra particularmente por causa dos movimentos contínuos: a evolução biológica e a cultura. Evoluímos biologicamente segundo as mutações que ocorrem em nossos genes de maneira obscura, e a natureza logo se dedica a selecionar apenas as mudanças favoráveis à vida no ambiente para permanecer, processo conhecido como seleção natural. Isso acontece fora de nossa consciência e de nosso controle. No que diz respeito à cultura, nossa criatividade é seu ator principal e gera grandes mudanças de paradigma. Esse processo de mudanças culturais é absolutamente consciente.

Assim, a criatividade seria o equivalente cultural ao processo de transformações genéticas que resulta em nossa evolução.

Hoje sabemos que certas mutações permitem que alguns indivíduos desenvolvam um sistema nervoso em que descobrir coisas novas — algo fundamental para o desenvolvimento da criatividade — estimula os centros de prazer do cérebro. Ou seja, assim como alguns indivíduos são entusiastas do sexo ou da comida, outros evoluíram para ser entusiastas e obter prazer em aprender coisas novas. Entretanto, a tendência ao novo, à descoberta e à exploração não depende só de um componente genético, pois também parece ser influenciada pelas experiências vividas quando éramos crianças. Se esse é o caso, nossos ancestrais, que reconheciam a importância do novo, sem dúvida protegiam esses indivíduos que desfrutavam de criatividade e aprendiam com eles. Era importante protegê-los, pois, graças à inventividade deles, podiam estar mais bem preparados para enfrentar as condições imprevisíveis e as ameaças à sobrevivência.

No entanto, outra força muito mais primitiva e poderosa que a criatividade também teve um papel importante em nossa sobrevivência: a entropia, ou seja, conservar nossa energia. Isso ocorre fundamentalmente quando não temos demandas externas. Nesse caso, a entropia torna-se preponderante no controle de nosso corpo e de nossa mente. Essa grande necessidade de conservação da energia é tão poderosa que, quando temos tempo livre, o relacionamos imediatamente ao descanso. Ir ao parque caminhar, assistir a um filme, ler um livro ou apenas olhar para o teto. Não gastar energia. Portanto, é como se nós, seres humanos, nos víssemos compelidos a cumprir duas ordens programadas opostas do cérebro: primeiro, o menor esforço obrigatório (entropia); segundo, a exploração e a busca pelo novo (criatividade).

Na grande maioria de nós, a entropia parece ter mais força do que o prazer em enfrentar desafios ou descobrir ideias novas. No entanto, felizmente algumas pessoas parecem responder muito mais ao prazer da descoberta. Não importa, porém, com qual dessas duas ordens você se identifica mais nem em que esfera ou momento de sua vida aconteça, a criatividade é prazerosa. Nós nos sentimos muito bem quando ela chega.

Recapitulando: ao nascer, temos duas ordens bastante contraditórias. Primeira, um *software* do cérebro tende a conservar, fundamentalmente, nossos instintos de preservação. Poupar energia. A segunda ordem, porém, apresenta uma tendência mais expansiva, orientada à exploração, a desfrutar o novo, a correr certos riscos. É a curiosidade que observamos nas crianças. Esta última ordem conduz à criatividade. Embora os dois "programas" sejam necessários, o primeiro não requer esforço, apoio nem motivação para ser realizado. O segundo, o da criatividade, é difícil de se cultivar por si mesmo. Depois de adultos, no trabalho ou na vida como um todo, temos poucas oportunidades de ser curiosos. Há muitos obstáculos para o ser humano correr certos riscos ou para começar a explorar. Por isso, a motivação necessária para um comportamento mais criativo logo vai embora, fazendo que a maioria de nós não se considere ou não se sinta criativa.

Enquanto os genes são transmitidos de geração em geração de maneira automática, o mesmo não acontece com as invenções e as ideias. Toda criança precisa aprender de novo, desde o início, como usar o fogo, a roda ou a energia atômica. Essas unidades de informação que devemos aprender para que nossa cultura continue são conhecidas como "memes", termo cunhado por Richard Dawkins em seu livro *O gene egoísta*. Tudo o que está relacionado à linguagem, aos números, às teorias, às músicas, às leis, aos valores de todos esses memes deve ser passado a nossos filhos para que sejam lembrados. Por tudo isso, os memes poderiam ser considerados os equivalentes culturais dos genes.

Uma pessoa muito criativa pode mudar um meme. E se uma quantidade adequada de outras pessoas considera que essa mudança é uma melhoria para a sociedade, então se transforma em uma nova parte da cultura. Novas músicas, novas ideias, novas máquinas: é disso que trata a criatividade. No entanto, os memes não acontecem de maneira automática, como ocorre na evolução biológica com os genes e suas mutações. Ou seja, há um preço para que essa criatividade aconteça. Mudar tradições exige esforço e energia, e esse esforço comporta um aprendizado. Para aprender, devemos prestar atenção, um recurso limitado, às informações que recebemos. Não podemos processar uma grande quantidade de informações ao mesmo tempo, e nós, sempre ocupados e na correria, contamos com poucas oportunidades para pensar em novas ideias. Grande parte de nosso tempo está comprometida com tarefas de sobrevivência e com o dia a dia de nossos lares e trabalhos.

Isso significa que, para chegar a ser muito, ou mais, criativo em alguma disciplina ou em algum ambiente em particular, é necessário disponibilizar certa quantidade de atenção para isso. Se estamos ocupados o tempo todo, é muito difícil ter ideias diferentes que possam mudar ou melhorar um produto, uma música, uma forma de viver etc. Precisamos colocar nossa atenção a serviço do desafio criativo que nos cabe.

Uma definição: a criatividade é a atividade mental por meio da qual, em algum momento, uma revelação ou *insight* ocorre dentro do cérebro e resulta em uma ideia ou ação nova que tem valor. É romper com nossos padrões habituais de pensamento. Isso acontece com todos, com maior ou menor frequência. Quando nos referimos às ideias que vão mudar paradigmas ou memes dentro de uma tradição, cultura ou disciplina de trabalho, a decisão de que seja nova e de que tenha valor virá da aprovação de quem conhece o meio ou a disciplina onde se deseja pôr em prática essa ideia ou ação. Dessa maneira, quando as pessoas a aprovarem ou aceitarem, terá passado por uma espécie de avaliação social, que dirá: "Isso realmente é criativo". Portanto, a criatividade não acontece só na cabeça das pessoas, mas também na interação dos pensamentos com seu contexto sociocultural. Torna-se, portanto, mais um fenômeno sistêmico do que um fenômeno individual.

Outras definições sobre a criatividade: alguém que expressa pensamentos pouco comuns e que está interessado e estimulado; pessoas que experimentam o mundo de maneira inovadora, original; pessoas que têm uma percepção renovada, que não julgam tanto e que podem ter certas revelações que lhes permitem gerar ideias, produtos ou ações que acabem sendo descobertas importantes.

## "Avenidas escuras"

Imagine por um momento que estamos no último andar de um edifício alto e que podemos contemplar a cidade à noite, uma grande cidade. Se prestarmos um pouco de atenção, veremos algumas áreas, não muitas, com as luzes acesas; se conseguirmos distinguir os carros que vagam pela noite nessa cidade, também veremos que, em geral, poucas avenidas, iluminadas tanto pelos postes como por esses automóveis que circulam por elas, têm luz a essa hora. O cérebro é um pouco assim, como uma cidade na penumbra, mas sempre com algumas avenidas, ruas e luzes acesas.

Seguindo essa metáfora, nosso cérebro possui muitas possibilidades de iluminação. Podemos acender muitos postes (conectar neurônios), mas são poucas as avenidas (sulcos neurais) conectadas, utilizadas o tempo todo. Isso demonstra que nossa tendência é usar a mesma informação para resolver qualquer tipo de problema. Isto é, buscamos nessas ruas iluminadas informações conhecidas, algo que já vimos, que já experimentamos. No entanto, sempre é possível recorrer a outras ruas e avenidas que estejam menos iluminadas e buscar material novo, ideias ou soluções criativas.

É como se vivêssemos em modo semiautomático, em que a maioria das respostas a nossos desafios e problemáticas provém de nossas experiências e certezas, bem como de nossa cultura. Poderíamos dizer que esses são os nomes das três grandes avenidas que estão acesas o tempo todo: experiências, certezas e cultura.

Lembre-se de que, pela força da entropia, o cérebro é um grande conservador de energia. Para nossa sobrevivência, sempre foi e ainda é positivo guardar um pouco de energia, caso haja algum imprevisto e seja necessário fugir ou lutar. Como consequência, diante de um desafio intelectual, primeiro buscamos informações no que já conhecemos.

Como vivemos de experiências, sempre encontraremos informações ali. Contudo, se quisermos buscar novas formas ou ideias, se quisermos nos inspirar ou ter uma revelação para construir algo criativo, devemos nos esforçar para acender e conectar outros neurônios. Esforço significa gasto de energia. Se conseguirmos, poderemos encontrar diferentes possibilidades e respostas para a mesma pergunta ou meta, para o mesmo problema ou desafio. De agora em diante, nós os chamaremos de **desafios criativos**.

---

Quanto mais claro estiver para você qual e como é seu desafio criativo, mais eficiente será resolvê-lo. Pense que seu desafio criativo é como a imagem do quebra-cabeça terminado na caixa do jogo. Sem essa imagem seria muito difícil montá-lo.

---

Quando nos levantamos pela manhã e precisamos ir ao trabalho, à escola, à universidade ou aonde vamos todos os dias... Por onde vamos? Sempre, ou quase sempre, tomamos o mesmo caminho. A mesma avenida, as mesmas ruas, o mesmo metrô ou ônibus. Eu me atrevo a dizer que podemos mudar uma, duas, três, quatro vezes, no máximo, o caminho para chegar onde precisamos ir todas as manhãs. Para que ir por outras ruas ou pegar outro ônibus se sabemos (**certeza)** que chegaremos por esse mesmo caminho (**cultura** e **experiência**)? O cérebro não quer se esforçar nem gastar energia com o que já conhece. Tem padrões e estruturas de pensamento que vão se estabelecendo em nossas redes neurais, à medida que os anos passam e as experiências se acumulam. As avenidas iluminadas da grande cidade. Como veremos, o processo criativo **desembaraçará** esses padrões e essas estruturas para se permitir diferentes **possibilidades** de pensamentos.

## Não penso, logo existo

> O cérebro é um órgão maravilhoso. Começa a trabalhar enquanto você acorda e não para até chegar ao escritório.
>
> Robert Frost

No ensino fundamental, começamos a brincar cada vez menos. Nossa educação está baseada em processar informações sobre o que já aconteceu, sobre o que muitas pessoas que já não existem pensavam e sobre o que existe hoje. Ou seja, a grande maioria de nossas respostas baseia-se em informações conhecidas. "Resposta" e "responso" têm a mesma raiz etimológica; responso é um canto religioso, que pode ser feito aos defuntos. Forçando os termos, há algo já morto nas respostas que damos. Acontece que, quando respondemos, deixamos de pensar. Somos ensinados a não pensar. Em outras palavras, quando pensamos que conhecemos as respostas, com base em nossa educação, nesse instante nossos pensamentos morrem. E é por isso que muitos de nós temos tanta dificuldade de usar a imaginação e a criatividade para desenvolver ideias novas. Nossas ideias estão estruturadas de maneira sólida e previsível em propriedades muito particulares, categorias ou conceitos muito determinados. Pensar de maneira criativa requer a habilidade de **gerar associações** e conexões entre dois ou mais temas muito diferentes. Dessa maneira, é possível criar novas categorias e novos conceitos, mas não nos ensinam a processar a informação assim.

Entrada em calor mental — para gerar associações e conexões entre dois ou mais temas bem diferentes. Técnicas de Edward De Bono:

Escolha quatro palavras aleatoriamente.

Com base em algum critério, fique com três delas.

Por exemplo: cachorro, rio, água e porta.

Critério 1: o cachorro, a água e a porta entram na mesma casa, mas o rio, não.

Critério 2: as palavras cachorro, rio e porta têm a letra R, mas água, não.

Outros...

Escolha seis palavras de maneira aleatória e divida-as em dois grupos de três. Cada grupo deve ter seu próprio critério de seleção.

Escreva, de maneira aleatória, duas listas (A e B) com quatro palavras cada.

Escolha algum critério para associar uma palavra da lista A com outra da B.

Escreva uma lista de cinco palavras escolhidas aleatoriamente.

Escolha uma dessas cinco palavras e procure critérios para associá-la a cada uma das outras quatro.

Escolha duas palavras aleatoriamente.

Combine-as de modo a formar um negócio com elas.

Inclua uma terceira palavra escolhida aleatoriamente.

Pense em como essa nova terceira palavra poderia trazer mais benefícios para o negócio.

Acrescente uma quarta palavra escolhida aleatoriamente.

Agora pense de que maneira essa nova quarta palavra poderia fazer com que o negócio seja sustentável e adequado com o mesmo ambiente.

Escolha cinco palavras aleatoriamente.

Decida, por algum critério, qual é a mais valiosa, qual é a mais útil, qual é a mais perigosa, qual é a mais atrativa, qual é a mais duradoura, qual é a mais barata etc.

Escolha cinco palavras aleatoriamente.

Selecione duas que serão os extremos de uma ponte.

Comece a relacionar as palavras de modo que cada uma esteja associada, por algum critério, à palavra da direita.

Escolha duas palavras aleatoriamente.

Crie um cenário de assassinato com essas duas palavras.

Acrescente três palavras escolhidas aleatoriamente. Cada uma dessas palavras deve ser uma pista desse assassinato. Com essas pistas, construa uma hipótese de como ocorreu o assassinato, inclusive quem pode tê-lo cometido.

Escolha quatro palavras aleatoriamente.

Dessas quatro, selecione, com algum critério, duas que sejam contrárias, em algum aspecto.

Escolha quatro palavras aleatoriamente.

Escreva uma manchete de jornal utilizando essas palavras exatas (sem derivações nem associações).

Escreva o primeiro parágrafo da notícia.

Em outras palavras, quimicamente, pensamos de maneira reprodutiva, isto é, com base nos problemas que encontramos no passado. Enfrentamos novos problemas com base em algo que já nos ocorreu ou em que já trabalhamos antes. De maneira inconsciente, nos perguntamos: o que aprendi na vida? O que aprendi em minha educação, em meu trabalho, sobre este problema? Então, o cérebro analiticamente seleciona o enfoque mais promissor com base em experiências passadas e, assim, exclui outro tipo de tratamento. Trabalha de maneira clara e definida na busca de uma solução para o problema utilizando enfoques passados. Não fazemos isso conscientemente. É o que chamamos de "padrões dominantes de pensamento". É importante reconhecer que esses padrões simplificam muitas vezes as complexidades da vida. Poder fazer nosso trabalho, dirigir um carro ou andar de bicicleta sem cair, fazemos tudo isso graças a esses padrões mentais que simplificam a assimilação de dados complexos.

Dois grupos de centenas de estudantes universitários receberam o seguinte enunciado:

Grupo 1: você tem sete anos, e a escola não vai abrir hoje. Tem o dia inteiro só para você. O que você faria? Aonde iria? O que veria?

Grupo 2: você tem o dia todo para você. O que faria? Aonde iria? O que veria?

Depois que ambos os grupos escreveram as respostas durante dez minutos, receberam uma série de enigmas e um teste de criatividade; por exemplo, encontrar um uso alternativo para o pneu de um carro muito velho. O grupo 1, que por um instante se sentiu uma criança de sete anos, foi de longe muito mais criativo nos enigmas e gerou o dobro de ideias que o grupo 2.

**Podemos recuperar nossa criatividade perdida se acreditarmos que somos crianças outra vez.**

O pensamento criativo é o pensar produtivo. Diante de um problema, devemos nos perguntar, primeiro, quantas formas diferentes há para abordá-lo, quantas formas de repensá-lo, de resolvê-lo, em vez de perguntarmos o que aprendemos para solucioná-lo. A ideia é tentar chegar a diferentes respostas, e talvez muitas delas sejam poucos convencionais, e algumas, possivelmente, únicas. Além disso, o pensamento reprodutivo, que nos caracteriza, fomenta um pensamento muito rígido. Por causa disso, muitas vezes falhamos ao tentar resolver um problema. Em geral, as respostas que encontramos são muito similares, ou pelo menos superficialmente similares a experiências passadas. O pensamento reprodutivo nos conduz a ideias típicas e pouco originais. Se você sempre pensa da maneira que sempre pensou, sempre terá as mesmas velhas ideias que sempre teve.

### Técnica das seis palavras

Qual é a essência do desafio criativo? Consegue escrevê-lo e descrevê-lo em uma frase com apenas seis palavras?

"Fazer o que é impossível fazer." "Clientes felizes em consumir meu produto." "Não deixar nenhuma matéria para setembro." "Continuar muito tempo solteiro e livre." Entre outros.

Resumir um problema complexo em uma frase simples de seis palavras estimula a imaginação.

Para gerar, criativamente, distintas associações e conexões entre temas diferentes, é necessário mesclar conceitos. Essa é uma das formas de pensamento criativo. Como veremos a seguir, para se obter uma mescla de **conceitos** (*conceptual blending*), é necessário desinibir os pensamentos e dar lugar a diferentes possibilidades. Mesclar dois ou mais conceitos em um mesmo espaço mental dá forma a novas ideias. As crianças são especialistas em *conceptual blending*. Quando somos pequenos, nossos pensamentos são como um recipiente com água: inclusivos, fluidos e claros. Tudo se mistura com tudo, e tudo pode ser combinado, realizando diversas conexões e associações possíveis. Por isso, as crianças são criativamente espontâneas. No entanto, na escola nos ensinam a definir, segmentar, segregar e etiquetar em categorias separadas. Essas categorias continuam divididas durante a vida inteira e não se conectam. É como se esse pensamento líquido das crianças se congelasse dentro de formas de gelo. Cada cubo representa uma categoria. Em outras palavras, nossos pensamentos ficam congelados.

---

Pablo Picasso dizia que todo menino é um artista, e o problema é permanecer ou continuar sendo artistas depois que crescemos.

---

## *Conceptual blending* histórico

Quando estudamos as grandes invenções, deste século e do passado, podemos nos perguntar: somos mais criativos hoje do que há cem mil anos? Mas, e o fogo, a lança, a roda, a canoa, a agricultura?

A primeira grande ideia criativa da humanidade talvez tenha sido poder fazer fogo friccionando duas pedras. Posso imaginar esses primeiros humanos observando, durante as tempestades, alguns dos raios que caem na terra e fazem uma árvore pegar fogo e como o vento ajuda esse fogo a se propagar na savana africana. Também os imagino utilizando o ruído da fricção entre duas pedras para afugentar alguns predadores. Ao fazer isso veriam, em algumas ocasiões, as faíscas que as duas pedras conseguiam produzir. Esses humanos, sem ter recebido uma educação formal, como muitos de nós, realizavam uma mescla de conceitos em sua mente: o atrito entre as pedras, os raios que faziam as árvores pegarem fogo e o vento que o espalhava. Mesclaram esses conceitos e criaram o fogo com suas próprias mãos, batendo pedras e friccionando galhos. Não havia escolas para ensiná-los a fazer fogo, não havia cientistas, nem artistas, nem filósofos. Sem nada para estruturar a imaginação dessas pessoas, ela era absolutamente pura. Pensavam como nasceram para pensar, ou seja, de maneira natural e espontânea. Podiam combinar conceitualmente diferentes essências, funções, características, padrões que eles percebiam no ambiente ou no contexto em que viviam. Alguns especialistas antropólogos, por exemplo, especulam que aquelas primeiras pessoas se inspiraram ao observar as teias de aranha e fizeram as redes para pegar insetos, caçar animais maiores e pescar. Combinaram conceitualmente, e depois integraram, os ossos, as pedras e as madeiras, e fizeram distintas ferramentas ou armas para caçar e matar diferentes presas. Nessa mesma época, pintavam e desenhavam as experiências vividas por eles, contando assim suas histórias. E assim nasceu a arte.

## Um mais um é igual a um

Vamos voltar ao presente e ver os padrões de pensamento lógico em ação. Vamos supor que enfrento o seguinte desafio criativo: "Ideias para melhorar piscinas ou a experiência dos nadadores nas piscinas". Como eu sei exatamente — porque aprendi no passado — o que é uma piscina, meus padrões dominantes de pensamento vão descongelar o cubinho de gelo "categoria piscinas" para buscar alguma resposta para meu desafio. Não importa quantas vezes descongele esse cubinho, o máximo que poderei obter, ou criar, é uma melhora muito marginal. Meus recursos são limitados somente ao que aprendi sobre piscinas e nadadores. Agora vamos imaginar que consigo derreter outro cubinho "categoria guindastes" e coloco no mesmo recipiente que a "categoria piscinas". Se ambas derreterem juntas e se mesclarem, serão transformadas em algo fluido. Um mais um é igual a um, não a dois. Ao mesclar essa água, começarei a associar e conectar muitas possibilidades muito mais criativas. Posso pensar em uma piscina que se eleve como se fosse um guindaste, em uma piscina de aço ou até em uma com polias para movê-la de um lugar para outro. A mistura de conceitos pode conduzir a efeitos **extraordinários** e, muitas vezes, sugerir ou contribuir com ideias totalmente criativas ou novas. Poderíamos até dizer que a criatividade, em qualquer tipo de disciplina, seja na arte, na ciência ou na tecnologia, ou no dia a dia, surge quando a mente é capaz de mesclar conceitos ou temas totalmente distintos. Além disso, ao revisar as ideias mais criativas que triunfaram na história da humanidade, estas sempre surgem da combinação de ideias antigas. Em outras palavras, da combinação nova de coisas já conhecidas.

Somos educados para ser pensadores lógicos e analíticos. Por isso, nossa habilidade de fazer associações entre temas que são pouco ou nada relacionados não é muito boa. É muito difícil para nós associar coisas que aparentemente não estão conectadas, como a piscina e o guindaste. Essa destreza escassa de associar conceitos pouco relacionados limita muitíssimo nossa habilidade de ser criativos. Construímos paredes mentais entre diferentes conceitos, cubos de gelo em formas separadas.

### Técnica: Um mais um igual a um

Quando uma gota de água se junta a outra, formam uma gota só, não duas. Quando um conceito se junta a outro, transforma-se em um conceito novo, não em dois conceitos diferentes. Um mais um é um.

Para estimular sua imaginação:

Escreva o nome das dez pessoas de quem você mais gosta e depois pegue a primeira letra de cada nome. Por exemplo, se é Maria, M; se é Alexandre, A, e assim por diante.

Para cada uma dessas letras, escreva rapidamente o nome de algum objeto que lembrar; por exemplo: M de martelo; A de avião.

Combine esses objetos de dois em dois para criar algo novo. Por exemplo, martelo mais avião: um avião em forma de martelo.

Além da mescla de conceitos, outra forma de se libertar desses padrões para obter ideias criativas é pensar em termos de essência e princípios, desfazendo-se de palavras, categorias, rótulos dos objetos e das coisas que nos rodeiam, da maneira como viviam nossos parentes africanos distantes.

A essência de um automóvel é transportar pessoas; a de uma escova de dentes é limpar. O princípio desejável de um barbeador é ser uma ferramenta muito afiada. Se enfrento o desafio de "ideias para melhorar os depósitos bancários", a técnica seria pensar em qual é a essência de um depósito. Digamos que sua essência poderia ser: "guardar o dinheiro das pessoas de maneira segura para o futuro". Pense em outros objetos, animais, coisas etc. que guardam algo de maneira segura: os esquilos guardam alimento para o inverno; os manobristas guardam carros para que as pessoas possam jantar; os contêineres do porto, diferentes mercadorias; os hangares, aviões etc. Agora começo a associar e relacionar todos esses objetos, esses animais ou essas pessoas que guardam coisas para ver se, a partir daí, surgem ideias novas para melhorar os depósitos bancários. Por exemplo, no inverno (associando ao esquilo) a taxa paga pelo banco pode ser mais alta para estimular os depósitos durante o frio.

Outra técnica semelhante é a de se transformar em parte do problema. Se continuarmos com o mesmo exemplo dos depósitos, vamos imaginar que agora somos a caixa-forte de um banco. Você é o lugar onde se guarda o dinheiro. O que diria ao banqueiro? O que diria ao cliente? Como gostaria de estar? Como gostaria de ser? Gostaria de estar dentro, fora, ser grande, pequena, colorida? À medida que a pessoa responde, imaginando-se, neste caso, como a caixa-forte de um banco, podem surgir ideias novas e criativas.

### Técnica: Sou o desafio

Imagine que você é o problema de seu desafio criativo, ou parte dele.

Observe a situação considerando essa perspectiva. Como se sentiria se fosse? O que isso me diria, em meu lugar? O que eu sentiria se fosse a ideia que estou desenvolvendo? Que recomendação eu daria a mim mesmo?

As três técnicas (a mescla de conceitos, a essência ou o princípio dos desafios e o transformar-se em parte do problema) propõem a introdução do **acaso** para romper com os padrões de pensamento lógico.

### Técnica: A essência do desafio

Se seu desafio criativo é levar uma vida mais tranquila, mais relaxada, pergunte-se: que coisas são tranquilas? Que coisas são relaxantes? Quem anda devagar? As tartarugas?

Bom, como são as tartarugas? A partir daí, comece a associar e extrair ideias para seu desafio.

Pensar em termos de princípio e essência liberta a imaginação dos impedimentos ou das travas que, às vezes, as palavras, as categorias ou os rótulos podem colocar.

### Técnica: O princípio do desafio

Se seu desafio é melhorar um lava-rápido, faça uma lista de todas as outras coisas que são lavadas: cabelo, roupa, ruas, unhas, cachorros etc. O princípio do problema é "lavagem", "lavar", "limpar".

Gere conexões, relações e associações que você possa adaptar para seu túnel de lava-rápido.

Leonardo da Vinci foi o primeiro a escrever sobre a importância de apresentar variações no acaso para criar padrões de pensamento diferentes daqueles estabelecidos por nossa educação e nossa experiência. Da Vinci encontrava ideias maravilhosas inspirando-se em objetos sem conexão ou ao acaso. Seu desafio era mesclá-los conceitualmente a seus problemas. Podia chegar a olhar manchas em uma parede ou cinzas que restavam após apagar um fogo, o formato das nuvens ou os desenhos de barro seco. Um dos aspectos mais interessantes em relação a essas técnicas é que, quando nos concentramos em dois objetos, conceitos ou ideias completamente diferentes ou aparentemente desconectados, não importa o quanto estejam distantes, o cérebro estabelecerá uma conexão. As metáforas são uma explicação desse fenômeno. Quando dizemos: "O que os olhos não veem o coração não sente", imediatamente todos entendem do que se trata. Entretanto, não existe uma relação direta entre olhos cegos e coração. Não há uma forma de conexão lógica nessa frase, mas a entendemos. Nossa mente pega conceitos diferentes, não relacionados, e mescla-os conceitualmente: *se não vemos algo ou alguém , não sentiremos nada em relação a isso ou a essa pessoa.*

### Técnica de Leonardo da Vinci

Da Vinci dizia que, enquanto algo não fosse percebido a partir de pelo menos três ou quatro perspectivas diferentes, não poderia ser realmente compreendido. Só obtemos um conhecimento completo e real quando todas essas perspectivas são sintetizadas em uma.

Por exemplo, quando ele projetou a primeira bicicleta, pensou seu desafio considerando o lado do transporte (qual seria o melhor *design* como inventor), dos investidores (quem poderia financiar os protótipos e a produção das bicicletas), do consumidor final (quem usaria as bicicletas) e das cidades (onde as bicicletas seriam usadas). Depois, sintetizou todas essas perspectivas no projeto final da bicicleta.

Há estudos de psicólogos educacionais que demonstram que a multiplicidade de perspectivas gera um desenvolvimento da criatividade e também da consciência de como as coisas realmente são.

Partindo da mescla de conceitos, podemos realizar a técnica da mescla de problemas. Trabalhar em um desafio e, de maneira sobreposta, em outro. Às vezes, um problema contagia e infecta outro, e isso permite a você associar e relacionar ideias de um com o outro. Em geral, estamos acostumados a resolver algo e depois passar para a questão seguinte. Um bom conselho é ver o que acontece quando nos ocupamos de dois problemas ao mesmo tempo.

Imagine que estamos fazendo um castelo de cartas, como fazíamos muitas vezes quando éramos pequenos. O castelo começa a subir e a crescer de maneira absolutamente previsível, até que de repente, sem nenhuma advertência, chega a um ponto crítico de equilíbrio e desmorona. O mesmo acontece quando pegamos algum objeto, conceito ou ideia aleatoriamente e o mesclamos ao desafio dentro de nossa imaginação. Talvez, em algum momento, de maneira aleatória e sem advertência, estimule um pensamento que faça que alguns neurônios se acendam e se conectem.

Isso fará que outros neurônios vizinhos também o façam, causando uma cascata de atividade cerebral que se propagará em pequenas redes neurais da mesma forma que as cartas caem umas sobre as outras quando o castelo de cartas é derrubado. Antes de cair, tem sua organização própria e, ao desmoronar, adquire outra organização. No cérebro, nossos pensamentos começam a ser construídos e logo chegam a um momento crítico no qual se reorganizam em ideias novas.

Sem dúvida, a **natureza** é a força criativa mais importante de todas. Aprendemos que a natureza é extraordinariamente produtiva, que cria uma grande quantidade de espécies e o faz pelo método de "tentativa e erro". Depois vem o processo de seleção natural, que decide qual delas sobreviverá. Especula-se que 95% das espécies desaparecem. Com o tempo, o conjunto de genes que sobrevivem às condições ambientais se estabiliza. Esses genes sofrem mutações que vão gerando variações das espécies. A espécie cujo conjunto de genes não tenha variações não vai se adaptar às transformações circunstanciais do ambiente. Por consequência, esse ser vivo tende a desaparecer. A variedade é necessária na natureza. Um processo comparável acontece em nosso cérebro. Temos a capacidade de criar ideias e fazemos isso com base, especialmente, em nossos padrões de pensamento existentes (conjunto de genes). Esses padrões foram formados de acordo com nossa experiência. Contudo, se não conseguimos variar esses padrões (mutações), talvez as ideias acabem sendo todas parecidas ou iguais e perderão a vantagem adaptativa (a espécie desaparece).

Ontem eu estava dando banho em Uma, que já tem três anos, e, em certo momento, ela me disse: "Papai, me dê essas duas colheres". Respondi: "Não tem colheres, estamos no banheiro". E então pensei: "As colheres estão na cozinha". Ela insistiu: "Papai, papai, me dê as colheres, por favor. Estou brincando, quero as colheres". Ela apontou com a mão, e o que estava indicando eram as escovas de dente. A imaginação dela permite qualquer coisa, não está tão estruturada porque ainda não incorporou os conceitos e as categorias que começam a ser construídos na infância, sobretudo na escola. Quando somos pequenos, não tendemos a eliminar as possibilidades, mas a expandi-las. Nessa idade, além de sermos muito criativos, também desfrutamos muito da **exploração**, indispensável para estimular a criatividade. Que outro título você daria ao primeiro capítulo deste livro? Por quê?

CAPÍTULO 2

# CÉREBRO/MENTE

## Acho que vi um leopardinho

Quando nosso cérebro terminou de ser formado, há cerca de cem mil anos, vivíamos em um mundo muito hostil. Saíamos para caçar a fim de sobreviver. Por causa das condições ambientais e dos predadores que perambulavam, estávamos em estado de alerta permanente: à espreita da presa, mas tomando muito cuidado para que não aparecesse um predador. Nesse momento, os mais temidos eram os leopardos.

Como vimos, o cérebro do ser humano evoluiu de maneira eficaz para conservar uma quantidade importante de energia, caso algo ameaçasse sua vida. Em geral, as mulheres cuidavam dos filhos, coletavam frutos, sementes e alguns roedores, mas também ficavam em estado de alerta. Os homens e as mulheres que não tivessem essa reserva de energia no cérebro, não conseguindo fugir ou defender-se de um imprevisto, provavelmente seriam comidos. Ou seja, não teriam muitas possibilidades de deixar descendentes.

Proponho o seguinte exercício: feche os olhos e, por 30 segundos, pense em um pôr do sol; agora abra os olhos e descreva como e onde era. Talvez, e ouso até dizer com certeza, você tenha pensado em um crepúsculo que conhece bem ou que presenciou muitas vezes, no mar, na montanha ou no campo. Essa é outra prova de que o cérebro não quer gastar energia em algo que já conhece. Quando se pede para o disco rígido do cérebro realizar uma tarefa, ele vai procurar, nessas avenidas acesas, no conhecido, no que não requer esforço ou requer um esforço mínimo. Conhecemos crepúsculos e, quando pedimos ao cérebro que nos mostre um, ele recorrerá a algum muito visto e não acenderá outros neurônios nem imaginará um diferente, pelo menos para a grande maioria das pessoas. Portanto, ser criativo não é tão fácil e requer esforço: de conectar o que aparentemente não está conectado, de andar pelas ruas de neurônios escuras ou mal iluminadas. Neste livro, estamos fazendo essa viagem.

À medida que conhecemos nosso cérebro, sua evolução, seus limites e funções, aprendemos mais sobre nós mesmos. Embora muitas vezes os acontecimentos imprevistos estejam relacionados às grandes descobertas da humanidade, a frase do célebre bioquímico e escritor de ficção científica soviético Isaac Asimov, "o acaso favorece apenas a mente preparada", ajusta-se muito às aparições das tão desejadas revelações criativas, que todos temos e que podemos ter ainda mais, se nos prepararmos. Os estudos mostram hoje que até 60% de nossos problemas são resolvidos mediante esses fenômenos. Isso significa que as pessoas não podem explicar, de maneira lógica ou sequencial, como chegaram a uma solução. Conhecer o máximo possível o estado de seu carro antes de sair de férias garantirá a você uma viagem mais segura. Que assim seja com nosso recurso mais precioso, o cérebro; que o preparemos para a viagem mais importante: a de nossa vida.

## Nós, nosso cérebro

Sem dúvida, nosso cérebro é o sistema mais complexo de todo o universo. Graças aos incríveis avanços tecnológicos do estudo da mente, acredita-se que a neurociência representará, no século XXI, o que a microbiologia representou no século XX, a química no XIX ou a física no XVIII. Embora tenhamos aprendido mais sobre o cérebro nos últimos dez anos do que em toda a história da humanidade, ainda há muito a descobrir. Como se produz nossa individualidade como seres humanos, nossos talentos, nossa personalidade? Cada intenção, cada sonho e cada comportamento começam no cérebro, que é projetado para resolver problemas relacionados à sobrevivência em um mundo instável e em constante movimento. Ele faz isso como estratégia de sobrevivência para que possamos passar nossos genes à geração seguinte. Para vencer as fatalidades do meio ambiente ao longo da história do planeta e hoje pertencer ao minúsculo grupo de espécies privilegiadas que sobreviveram, poderíamos dizer que isso aconteceu graças a duas alternativas: ser mais forte ou mais inteligente que as outras. Ou seja, agregamos músculos ao esqueleto ou neurônios ao cérebro. Nós fizemos o último. E esses neurônios que foram sendo agregados ao córtex pré-frontal (a última parte formada do cérebro atual) permitiu que nos separássemos de nossos primos-irmãos, os gorilas.

A pesquisadora Judy DeLoache identificou o que se conhece como a habilidade, muito humana, de raciocinar simbolicamente e chamou-a de *teoria da representação dual*, que é nossa habilidade de atribuir características e significados a coisas que não os têm. Isto é, podemos inventar coisas onde não há, somos humanos porque podemos fantasiar. Quando eu e minha filha brincamos que os gravetos que encontramos debaixo das árvores são aviões que pousam no caminho, estamos sendo *muito* humanos. O poder de combinar símbolos nos dá a capacidade da linguagem, da escrita, da arte, da matemática. Podemos combinar pontos e traços para transformá-los em música ou poesia; podemos combinar círculos e quadrados para transformá-los em quadros cubistas ou em geometria. Não trazemos nossa habilidade para o raciocínio simbólico ou para a representação dual de origem. Levamos quase os três primeiros anos de vida para sermos funcionais nesse tipo de raciocínio. Portanto, antes dessa idade, não somos muito diferentes dos macacos. Por exemplo, se uma garotinha de dois anos e meio está brincando com uma casa de bonecas e coloca um cachorro de plástico debaixo da caminha da boneca, e alguém diz que ao lado há um quarto igual, mas de tamanho real, onde há um cachorro escondido, ela não saberá onde procurar quando chegar ao cômodo. Aos três anos, ela correria direto para buscar debaixo da cama grande.

Graças a essa linguagem simbólica, podemos extrair muitas informações e conhecimentos sem precisar passar toda vez pela experiência direta, e às vezes dura, da realidade. Se eu caio em um pântano, consigo sobreviver e coloco uma placa com os dizeres: "Cuidado, pântano" ou o desenho de um pântano com uma mão emergindo, assim ninguém mais cairá nessa armadilha. Parece lógico que, depois de desenvolvermos essa ferramenta do cérebro, nós a conservamos. Em suma, permanecemos no planeta porque **somos mais inteligentes do que outros seres vivos**, e nossa humanidade se deve, em grande parte, à capacidade cerebral de fantasiar.

Embora já não restem dúvidas de nosso potencial criativo, como todo processo de aprendizagem, precisa de tempo, **precisa de evolução**. A prática deliberada e contínua das técnicas que ofereço neste livro permitirá que você faça mais conexões neurais que estimularão a criação de pensamentos novos e diferentes em seu cérebro.

## Evolução cerebral

> Você precisa aprender a tocar seu instrumento. Em seguida, pratique, pratique e pratique. Por fim, quando estiver no palco, esqueça tudo isso e deixe-o gemer.
>
> Charlie Parker

Os primeiros protomamíferos (ancestrais comuns a todos os mamíferos) datam de 180 a 200 milhões de anos atrás. Trinta milhões de anos depois, surgiram as primeiras aves. Ambos tiveram os mesmos desafios que os répteis e os peixes: ambientes difíceis e predadores famintos. Entretanto, proporcionalmente a seu corpo, os mamíferos e as aves desenvolveram cérebros maiores. Uma diferença importante está no fato de que nem os répteis nem os peixes cuidam de seus filhotes, e alguns até os comem, e em geral levam uma vida de solteiros. Ao contrário, os mamíferos e as aves criam os filhotes e, em muitos casos, formam parcerias, algumas para sempre. Em termos da neurociência, selecionar um bom parceiro, dividir o alimento e manter os nossos com vida requer um processo neuronal mais importante. Ou seja, um esquilo ou um papagaio são mais vivos, *em termos científicos,* do que uma lagartixa ou um salmão. Planejam, comunicam, cooperam e negociam melhor. Estas são as habilidades que os casais humanos descobrem ser essenciais quando são pais, sobretudo quando querem permanecer juntos. O salto seguinte na evolução do cérebro foi a aparição dos primatas, há 80 milhões de anos. Os macacos e símios caracterizam-se por sua grande sociabilidade e chegam a passar um sexto do dia ocupados em limpar e mimar os seus. Quanto mais êxito social obtêm, mais descendentes deixam, e quanto mais complicadas suas relações sociais se tornam, mais complexos são seus cérebros.

Atualmente, a melhor evidência para saber quando nos transformamos em humanos é a fabricação de ferramentas. Se viajássemos por nossa história, poderíamos dizer que há 2,6 milhões de anos nos dedicávamos a rabiscar nas pedras e a quebrá-las. Fazíamos machados de pedras do tamanho da palma da mão. Desde esse momento até hoje, o cérebro triplicou de tamanho. Um milhão de anos depois, continuamos com os mesmos machados de pedra, mas então começamos a afiá-los batendo em outras pedras. Nosso primeiro ancestral direto, o famoso *Homo sapiens*, apareceu por volta de cem mil anos atrás, e então se desenvolvia o córtex pré-frontal. Logo aconteceu algo incrível: há 40 mil anos, começamos a pintar pedras, a esculpir e a fabricar joias. Ninguém sabe por que a mudança foi tão rápida e abrupta, mas a maioria dos cientistas coloca a culpa na pressão natural que a mudança climática exerceu na sobrevivência das espécies. Acredita-se que cerca de dois mil indivíduos formavam a tribo de nossos primeiros ancestrais na África oriental. Cem mil anos mais tarde, somos mais de sete bilhões. A teoria que explica como crescemos tanto, dadas as circunstâncias mencionadas antes, afirma que não vencemos o clima, mas nos adaptamos à variação. A constância do hábitat não nos importou porque essa não era uma opção. Em vez de aprender a sobreviver em um ou dois nichos, como a maioria das espécies, conquistamos toda a Terra. Aqueles que não conseguissem resolver os problemas do ambiente ou aprender rapidamente com os erros não viveriam o suficiente para passar seus genes, e aqueles que não cooperassem com outros membros do clã não viveriam por muito tempo e talvez não conseguissem deixar seus genes na descendência. O efeito final dessa evolução é que não ficamos mais fortes, e sim mais inteligentes! **Isso aconteceu graças às mudanças em nosso cérebro.**

Durante cem mil gerações, desde que inventamos os machados de pedra, aqueles genes que fomentavam as habilidades para o relacionamento e a tendência a cooperar foram se fortalecendo entre os humanos. Hoje vemos esses resultados no altruísmo, na generosidade, na preocupação com a reputação, na justiça, na linguagem, na moral e na religião. Isso ocorreu graças à interação de duas poderosas características do cérebro. Primeira, uma base de dados onde guardamos conhecimento, como um disco rígido; segunda, a capacidade de improvisar com essa informação.

Quando adolescente, fiz aulas de saxofone e, muito rapidamente, já queria compor e improvisar temas de bossa nova ao melhor estilo Stan Getz. Ignorava que era necessário incorporar não só a teoria da música, memorizar escalas e notas, mas também obter uma compreensão profunda desse estilo musical. Era necessário encher meu disco rígido com dados e informações para poder compor. Mesmo assim, para compor e melhorar minhas músicas, precisava improvisar sobre a base de dados: usar minha criatividade. Os músicos de *jazz* estudam durante anos para conseguir dominar as regras, só para rompê-las o quanto antes. **Essa habilidade de poder improvisar e ser criativo usando nosso conhecimento nos permitiu sobreviver diante de condições de vida tão mutáveis**. Hoje, mais do que nunca, devemos utilizar essas capacidades tão humanas para deixar uma marca na sociedade, no trabalho e na educação e, assim, ter uma vida melhor.

## Se não o usamos, nós o perdemos

É muito provável que você, como muitas pessoas, a menos que tenha algum problema de saúde específico, seja capaz de correr uma maratona de 42 quilômetros. Para isso, é necessário se preparar, treinar, mudar a alimentação e ter muita disciplina. A mesma coisa acontece com esse "músculo" cerebral criativo que todos nós temos; se não o exercitamos, é muito difícil que se desenvolva.

Como vimos, à medida que passamos mais tempo na escola, o mundo se torna mais lógico, mais racional. Deixamos de usar, como fazíamos quando éramos pequenos, nosso músculo criativo, e essa atividade vai se perdendo. **Se não o usamos, nós o perdemos.** A neurociência demonstrou, mediante muitos estudos e diferentes tecnologias, que a habilidade está ali e pode ser desenvolvida, qualquer que seja a sua idade. É *vox populi*, e diversos estudos argumentam que há uma atividade significativamente maior no hemisfério direito do cérebro quando estamos sendo criativos. As redes neurais dessa região, além de participar de processos criativos, podem ser exercitadas. Para isso, é necessário realizar esforços conscientes diariamente.

O hemisfério esquerdo do cérebro lida com uma coisa por vez e processa a informação de maneira linear. Além disso, é responsável por podermos escrever, analisar, abstrair, categorizar, usar nossa lógica e nosso raciocínio, o juízo e a memória verbal, utilizar símbolos e compreender matemática. O hemisfério direito é capaz de integrar muitos *inputs* ao mesmo tempo, nos proporciona uma **percepção** holística e consegue estabelecer semelhanças. É nele que se baseia nossa intuição e surgem os *insights* ou as revelações. Além disso, é especialista em sintetizar, visualizar e reconhecer padrões e em relacionar as coisas com o momento atual; também é o maior responsável por nossas sensações. Por exemplo, lembrar-se do nome de alguém é função do hemisfério esquerdo, enquanto lembrar-se do rosto pertence ao direito. Ler um livro que ensine a jogar tênis é função do hemisfério esquerdo, mas sentir como a bola deve impactar a raquete é função do hemisfério direito.

### Técnica: Os dois hemisférios do cérebro

Escreva em uma folha todas as ideias que lhe ocorrerem sobre seu desafio criativo, que sejam as mais desejáveis, extremas, atraentes e que pareçam mais difíceis de realizar.

Em outra folha, escreva todas as ideias que sejam práticas, lógicas, realistas.

Observe as duas listas e faça uma relação entre elas para ver o que acontece.

## EXERCÍCIOS PARA ATIVAR O HEMISFÉRIO DIREITO

*Ler uma história ou um conto de ficção científica ou algo imaginativo.* Os estudos demonstram cientificamente que, quando lemos um conto, que requer explorar significados distintos, bem como o uso de nossa imaginação, também estamos exercitando o hemisfério direito do cérebro. Ler histórias, contos e romances exercita as habilidades intelectuais necessárias para pensar diferente, de uma forma mais criativa. Ao fazer isso, somos convidados a explorar distintos significados, obtendo uma interpretação não literal do que lemos.

*Fazer silêncio.* Ao participar de atividades nas quais não falamos, suprime-se grande parte da atividade do hemisfério esquerdo. Isso reduz a ativação dos padrões de pensamento das redes neurais dominantes. É como diminuir o volume de nossa mente consciente.

*Qualquer atividade ou jogo que exercite nossa imaginação.* Quebra-cabeças, jogos de tabuleiro, palavras cruzadas, improvisar em teatro ou música, dançar sem coreografia e diversas outras atividades relacionadas a essas não só exercitam nossa habilidade para gerar múltiplas perspectivas e ideias, mas também nos permitem cultivar uma atitude divertida sobre o processo criativo. Somos muito mais criativos e mais ousados ao explorar ideias quando somos pequenos. Quer melhor forma de cultivar essa abordagem do que praticando ou voltando a ser criança?

*Abraçar a ambiguidade.* Aceitá-la é crucial para acessar diversos significados, e isso é algo que o hemisfério direito adora fazer. A ambiguidade nos permite ver uma profusão de distintas possibilidades.

O professor John Kounios diz que, se você está preso a algum problema difícil, é necessário programar o despertador uns minutos antes que de costume para dedicar um tempo semiadormecido na cama. É nesse momento que temos nossos melhores pensamentos. Não se esqueça de anotar o que lhe ocorrer.

## Ovo frito pisado

Apaixonar-se, andar de bicicleta, desfrutar de uma paisagem, a dor de dente que não deixa você dormir, a ideia que teve aparentemente genial... Tudo começa em um neurônio.

Como todo órgão, o cérebro é formado por diferentes tecidos, compostos, por sua vez, por unidades menores chamadas células. Todo organismo que tenha vida é composto por células. Se a vida é uma grande peça de teatro, elas são os bastidores, supervisionando quase tudo o que experimentamos e nos acontece. Podemos imaginar uma célula comum como um ovo frito, onde a clara é o citoplasma e a gema é o núcleo. Ali dentro parece uma grande cidade onde tudo acontece, mas em tamanho micro (um milhão de vezes menor que um metro): transportes, hospitais, construções, comunicações, limpeza e higiene, educação etc. No núcleo está o famoso DNA, hoje tão temido pelos delinquentes e assassinos. No DNA estão os genes, tijolinhos que levam as instruções biológicas que determinam muitos de nossos aspectos, como a cor dos olhos ou o quanto somos sensíveis a situações de estresse. Inacreditavelmente eficiente, no núcleo há três metros de DNA, embalado de maneira muito particular. Imagine colocar cem quilômetros de um cabo de internet dentro de um morango.

Todas as células do corpo são morfologicamente diferentes, de acordo com sua localização e finalidade. As células nervosas também diferem em forma e tamanho, apresentando funções distintas. As mais conhecidas e importantes para o que nos interessa são os neurônios. Se pisarmos em um ovo frito no chão e salpicarmos tudo, obteremos a forma mais parecida à de um neurônio, semelhante a uma estrela com muitas pontas. Se colocarmos o dedo nas pontas e as esticarmos, teremos o formato de vários dentes. Isso é um neurônio. Basicamente, consiste em um corpo celular (o que sobrou da clara e da gema do ovo no centro do chão), no axônio e nos dendritos (nossas pontas de estrela e dentes). O axônio está carregado de eletricidade e estende-se do corpo celular até seu objetivo, por exemplo, outro neurônio ou algum tecido muscular. Os dendritos são os que recebem a mensagem de outros neurônios. Chamamos de matéria cinzenta a soma de todos os corpos celulares dos neurônios, e de matéria branca os axônios e outras células conhecidas como gliais. Estas últimas têm a função de suporte, protegem os axônios e reciclam os mensageiros químicos do cérebro, os **neurotransmissores**. Os mais conhecidos destes são: glutamato (estimula os neurônios que recebem informações), GABA (inibe os neurônios que recebem informações), serotonina (regula o apetite mediante a saciedade, equilibra o desejo sexual, controla a temperatura corporal, a atividade motora e as funções perceptivas e cognitivas), dopamina (relacionada à atenção e às recompensas, promove o comportamento de aproximação), norepinefrina (alerta e estimula), acetilcolina (promove o aprendizado e o estar desperto), opioides (regulam o estresse, reduzem a dor e produzem prazer; incluem o grupo das endorfinas), oxitocina (promove o comportamento infantil nas crianças e o vínculo entre casais, está associado à aproximação e ao amor, e as mulheres têm mais do que os homens), vasopressina (apoia o vínculo entre casais, nos homens pode provocar agressividade contra os rivais sexuais), cortisol (liberado pela glândula adrenal durante a resposta estressante), estrogênio (tanto o cérebro feminino como o masculino contêm receptores de estrogênio, que afeta a libido, o humor e a memória).

A fiação do cérebro é composta por aproximadamente cem bilhões de neurônios. São os alicerces onde se constrói o sistema nervoso. A principal função deles é se comunicar entre si por meio de pequenas uniões chamadas sinapses. Essas complexas criaturas carregadas eletricamente são projetadas para transmitir informações a outros neurônios através dos nervos, dos músculos e de glândulas distintas. Estas últimas são pequenos órgãos cuja função é sintetizar substâncias químicas, como os hormônios, para liberá-las, muitas vezes na corrente sanguínea. Cada sinal neural é uma informação, e o sistema nervoso é quem a movimenta (assim como o sanguíneo movimenta o sangue). Toda essa informação é o que definimos como a mente em um sentido amplo. Mas atenção: a maior parte da mente (alguns cientistas falam em 80%) permanece fora de nossa consciência, isto é, não temos nem ideia do que acontece ali. O termo "mente" inclui os sinais que regulam o estresse, o conhecimento para andar de bicicleta, a personalidade e muitas outras coisas. O cérebro movimenta e dá forma à mente. O cérebro e a mente interagem de modo tão íntimo que os compreendemos melhor como um único sistema codependente. Esse sistema é tão ocupado que, apesar de representar cerca de 2% do peso corporal, utiliza 25% da glicose e do oxigênio que consumimos, ou seja, da energia. Funciona 24 horas por dia, nos 365 dias do ano. Consequentemente, utiliza a mesma energia, não importa se dormimos ou se pensamos muito.

## Contato

Você se apaixona por alguém, precisa de uma bicicleta para pedalar, desfruta do pôr do sol observando o astro-rei que cai por trás do horizonte, o dente dói porque você tem uma cárie, aprendeu matemática ao ver as equações no quadro, teve uma ideia genial para resolver um desafio no trabalho... Embora tudo comece em um neurônio, são as interações entre eles, assim como nós interagimos com o mundo, que movem nossa razão, nossas emoções, NOSSA CRIATIVIDADE, nossos instintos... nossa mente.

A sinapse é a união que permite a comunicação entre neurônios. Imagine os neurônios um atrás do outro em uma avenida de mão única com semáforos. Se o sinal que está sendo transmitido, mediante impulsos elétricos e liberação de neurotransmissores, é o de frear alguma atividade, o semáforo ficará vermelho. Do contrário, se o sinal continuar fazendo algo, ele ficará verde até o último objetivo/destino da informação; por exemplo, o pé para chutar uma bola. Essa transmissão de informação pode alcançar desde dois milímetros até um metro de distância. Quando um impulso elétrico é iniciado, ocorre uma mudança dramática no neurônio, conhecida como "potencial de ação", em que a membrana do axônio passa da carga negativa para a positiva. Isso acontece a uma velocidade de 160 quilômetros por hora e pode acender e apagar até mil vezes por segundo. Por fim, quando chega ao extremo do axônio, essa mudança de voltagem aciona a liberação de neurotransmissores que chegam e grudam na superfície de receptores especializados das células-alvo. Esses receptores agem como interruptores que se acendem e apagam, conforme a mensagem química transmitida. Há centenas de milhares de conexões desse tipo em um neurônio, que podem modificar as células-alvo. Um neurônio típico é ativado entre cinco e 50 vezes por segundo. Os neurônios conectam-se com outros neurônios, com músculos ou com glândulas, formando um **trilhão** de padrões distintivos que se modificam, crescem e migram ao longo de nossa vida. Essa especificação e migração começa no embrião, por volta de quatro semanas depois da concepção. Graças a um programa genético, o tipo de neurônio correto migrará para uma região predeterminada e, depois de atingir uma área específica, seus dendritos e axônios se estenderão para conectar-se a outros neurônios. Dessa maneira, começarão a formar as diferentes estruturas do cérebro, a adquirir modos específicos de transmissão de mensagens e a aprender a processar e controlar as interações com o ambiente. Desde chutar uma bola (funções motoras) até pilotar um avião (tarefa que requer uma memória complexa).

**Sua mente continuará aprendendo e mudando até o momento de sua morte. Isso acontece graças à capacidade de aprendizagem do cérebro, que implica capacidade de mudança, também conhecida como neuroplasticidade.** Em geral, quando isso acontece, os resultados são pequenas alterações incrementais na estrutura neural, que vão se somando com o passar dos anos. **Sua mente (seus pensamentos) pode modificar a estrutura e a anatomia de seu cérebro (sobretudo dos neurônios).**

---

Não estamos biologicamente destinados a ser menos criativos com a idade. A juventude nos torna mais inocentes e ignorantes, o que nos permite aceitar ideias mais radicais. Se você continuar encontrando novos desafios, continuará pensando como jovem embora tenha cabelos grisalhos.

---

A atividade mental ou o pensamento podem dar forma às estruturas neurais de várias maneiras: redes neurais muito concorridas recebem um fluxo sanguíneo maior, o que lhes provê mais glicose e mais oxigênio. Quando os neurônios são ativados juntos, reforça-se a sinapse existente e formam-se novas sinapses; algumas não muito utilizadas ou simplesmente inativas definham em uma espécie de poda neural, como se os mais ocupados sobrevivessem; crescem novos neurônios em diferentes áreas do cérebro, por exemplo, no hipocampo, onde a neurogênese aumenta a abertura dos canais da memória para novos aprendizados. Por outro lado, existem cada vez mais estudos sobre o modo como o estímulo emocional positivo facilita o aprendizado, aumentando a conexão neural e consolidando a mudança sináptica. Como, de todas essas maneiras, seu cérebro muda de estrutura, sua experiência pessoal importa muito mais que seu impacto subjetivo e momentâneo. Ocorrem mudanças duradouras em tecidos físicos do seu cérebro, que afetam seu bem-estar, seu funcionamento e suas relações.

Hoje, com base em dados científicos, há uma razão fundamental para ser amável consigo mesmo, cultivando experiências plenas e aprendendo com elas, pois todas essas experiências causarão impacto real, estrutural e anatômico em seu cérebro, podendo influenciar e impactar seu presente e futuro como pessoa.

## Três cérebros

> A diferença essencial entre a emoção e a razão é que a emoção leva à ação e a razão leva às conclusões.
>
> Donald Calne

A vida na Terra começou há cerca de 3,5 bilhões de anos. As primeiras criaturas pluricelulares surgiram há 650 milhões de anos. À medida que os animais evoluíram, também evoluíram suas células e seus tecidos neurais, que desenvolveram sua "sede" na estrutura que conhecemos como cérebro. **Há três cérebros convivendo dento de nós.** Ao estudar a evolução dos animais, podemos dizer, de maneira extremamente simplificada, que, antes de primatas e humanos, fomos mamíferos simples, e, antes disso, répteis. Temos um cérebro *lagartixa-esquilo-macaco* na cabeça, que dá forma a nossas reações. Isso é conhecido como o "cérebro trino", e é um dos diferentes modelos usados pelos cientistas para descrever a organização hierárquica das estruturas cerebrais. É como pensar na construção de uma casa: primeiro vão os alicerces (réptil), depois as paredes (esquilo) e, por fim, o teto (macaco), mas todas essas estruturas fazem parte da mesma construção. A parte mais antiga do cérebro, a *lagartixa* ou cérebro reptiliano, tem cerca de 500 milhões de anos e regula principalmente tudo o que tem a ver com nossos controles centrais: respiração, sonho, acordar, ritmo cardíaco etc. O *esquilo* ou cérebro límbico tem 200 milhões de anos e é responsável por tudo o que tem a ver com nossa sobrevivência animal mais do que com nosso potencial humano: correr ou lutar em certas circunstâncias extremas, alimentar-se, reproduzir-se. Aqui está uma parte central de nossas **emoções**: a amígdala (que nada tem a ver com as da garganta), que nos permite sentir raiva, medo e prazer. É responsável pela criação das emoções e das lembranças que elas geram. Além disso, nesse cérebro estão o hipocampo, que converte a memória de curto prazo em longo prazo, e o tálamo, que funciona como uma torre de controle dos sentidos. Esses dois cérebros são mais antigos e regulam nosso comportamento como pessoas. Acima desses dois cérebros, como se fosse uma catedral, está o cérebro mais humano, o córtex, que apareceu cerca de cem mil anos atrás. Observe a diferença entre as idades dessas estruturas: é como se uma casa não tivesse teto durante milhões de anos. O córtex é altamente especializado na visão, na fala, na memória e em todas as funções executivas. Também é dividido em dois hemisférios: direito e esquerdo, conectados pelo corpo caloso. À medida que evoluímos, o hemisfério esquerdo concentrou-se no processamento linguístico e sequencial, enquanto o direito, no processamento holístico e visual. Contudo, as duas metades do cérebro trabalham juntas. Muitas das estruturas e regiões neurais são duplicadas para que haja uma em cada hemisfério. Apesar de estar na superfície, o córtex está intimamente ligado com seu interior. É a parte que se observa dobrada para dentro que dá ao cérebro a forma de vales e ranhuras. Se o córtex não estivesse dobrado, teria o tamanho de uma manta de bebê.

Durante muitos anos, acreditamos ser "seres racionais (córtex) com sentimentos (límbico)". Hoje, os cientistas concordam que o interruptor central do cérebro é nossa parte emocional. **Somos seres emocionais que aprendemos a pensar**, e não máquinas pensantes que sentimos. Isso tem lógica quando pensamos que o límbico está há mais de 200 milhões de anos na Terra, enquanto o córtex tem apenas 100 mil anos. A emoção tem mais domínio sobre nossa razão. Por isso, muitas das decisões que tomamos na vida não são conscientes; a grande maioria delas é dominada por explosões de emoções (algumas liberadas de nossa memória, outras por emoções novas). Muitas vezes, nosso consciente racional justifica decisões que já havíamos tomado antes de estarmos conscientes delas. Em suma, o botão cerebral para nosso comportamento diante das variadas situações cotidianas é mais influenciado por nossas emoções do que pela razão.

### Problemas laborais típicos

Estas são as perguntas sobre problemas ou desafios mais frequentes no trabalho, que podem se transformar em oportunidades de gerar ideias para resolvê-los de maneira criativa:

O que você gostaria de ter ou obter no trabalho? Em que ideia ou tema gostaria de trabalhar? O que quer que aconteça em seu trabalho? Que relações interpessoais gostaria de melhorar? O que gostaria de fazer melhor no trabalho? Para que gostaria de ter mais tempo no trabalho? O que mais gostaria de aproveitar do seu trabalho? Que objetivos você ainda não cumpriu? O que lhe causa empolgação ou fascínio? O que lhe causa raiva e preocupação? Do que você se queixa? Que atitudes de seus colegas você reprova e quer que mudem? O que gostaria que seus colegas fizessem? Que mudanças gostaria de implantar? O que demora muito para resolver em seu trabalho? O que não vale a pena? O que é complicado demais? Quais são os gargalos? Em que sentido você é ineficiente? O que faz você esquentar a cabeça? O que decepciona você? O que gostaria de organizar melhor no trabalho? Como poderia torná-lo lucrativo? Os desafios do trabalho em que normalmente você pode envolver sua criatividade são: que sugestões criativas eu poderia fazer para desenvolver novos produtos? Como poderia cortar custos e aumentar a produtividade? Como poderíamos diferenciar nossos produtos dos produtos da concorrência? Que produtos novos são necessários? De que mudanças nos produtos atuais o mercado precisa? Como poderia vender 20% a mais do que vendo? Que novas técnicas de venda eu poderia desenvolver? Como posso me tornar indispensável para a empresa? Como posso lidar melhor com as queixas dos clientes? Como poderia comunicar melhor os serviços ou produtos de minha empresa? Como posso motivar os funcionários ou colegas a buscar ativamente formas de se diferenciarem da concorrência? Que procedimentos poderíamos estabelecer para reduzir a burocracia? Como os funcionários gostariam de ser premiados? Como poderíamos agir para ser mais focados no cliente? É possível mudar nossa imagem? Como poderíamos vencer a concorrência?

## Luz, câmera, ação... córtex!

> Pense de manhã.
> Aja ao meio-dia.
> Coma à tarde.
> Durma à noite.
>
> William Blake

Durante nossa evolução, como já vimos, conseguimos ficar no planeta porque nos tornamos mais inteligentes. Isso ocorreu graças ao córtex. Mais inteligência significou um córtex cada vez maior ou, pelo menos, com maior quantidade de conexões. Ou seja, o córtex começou a crescer durante nossa evolução, transformando-nos em pessoas mais inteligentes. Até nossa cabeça cresceu para transportá-lo. Lembre-se de que, se não fosse dobrado para dentro, o córtex teria hoje o tamanho de uma manta de bebê. Imagine o tamanho de uma cabeça correspondendo a essas dimensões: as mulheres precisariam de quadris muito largos para que essa cabeça conseguisse atravessar o canal do parto. Sem pensar que mulheres com esses quadris jamais poderiam correr para escapar dos perigos daquela época africana. Portanto, a sábia seleção natural encontrou um ajuste anatômico para resolver esse problema. A solução deste ajuste evolutivo foi desenvolver cabeças menores para passar pelo canal, mas com cérebros maiores, porém dobrados para dentro. Assim é o cérebro que temos e conhecemos hoje.

Nesse momento evolutivo também se inventou a infância. Os bebês humanos devem terminar o programa de desenvolvimento fora do ventre materno. Recém-nascidos, somos criaturas vulneráveis para os predadores e não podemos nos reproduzir até mais de uma década depois.

Nascemos com a cabeça pequena para que possa passar pela pélvis da mãe, mas muito antes de poder enfrentar o mundo sozinhos e de maneira independente. Nossos tatatatatatatataravós precisavam das mamães por um tempo, e as mães precisavam dos pais para proverem a comida. Todos precisam de cooperação e trabalho em grupo para operar nas estruturas sociais complexas que os apoiam. Essas estruturas sociais contribuíram para que o cérebro continuasse crescendo em complexidade e em tamanho, desenvolvendo a empatia, a decepção e o altruísmo, e construindo coalizões. Nosso novo cérebro nos diferencia de todo o resto dos animais da Terra e nos dá capacidades extraordinárias, como o pensamento linear, o desenvolvimento da linguagem complexa, a capacidade de compreender símbolos e metáforas, desenvolver e compreender estratégias matemáticas, de comunicar com graça e propósito. Desenvolvem-se as tradições: os conceitos, as ideias, os padrões, o folclore e os costumes começam a ser transmitidos de geração a geração. De vez em quando, pequenos grupos começam a migrar, explorar e readaptar-se.

Além disso, durante essa época de extrema vulnerabilidade, os bebês estão prontos para aprender qualquer coisa, mas sem poder fazer muito. Não só se cria o conceito de *aprendizado*, mas também o de *professor*. Como espécie, é de nosso interesse ensinar o melhor possível, pois nossa sobrevivência depende de educar e proteger nossos pequenos. Mas é inútil criar crianças se nós, os adultos, somos logos devorados por nossos vizinhos, os leopardos. Nesse momento evolutivo, desenvolve-se a última parte do córtex pré-frontal (localizado debaixo da testa). Essa região nos permitiu movimentar sutilmente as mãos para criar lanças pontiagudas mais eficientes e **socializar** com os membros do clã para entender que não precisa dobrar a massa muscular para vencer um mamute ou um leopardo, pois podemos obter o mesmo resultado trabalhando em grupo. Começamos a dominar o mundo, estabelecendo acordos de cooperação entre nós. Nasce o conceito de trabalho em equipe. As regras do jogo mudarão. Aprendemos a cooperar, o que significa compartilhar objetivos comuns que levem em conta nossos interesses e os de nossos aliados. Para isso, devemos entender o que motiva os outros, inclusive seus sistemas de recompensa e castigo.

Graças aos córtex pré-frontal, melhoramos como caçadores e hoje continuamos aqui. Essa nova área do cérebro hoje gera grande interesse porque é a que mais usamos em nosso trabalho diário. Trata-se do lugar central do cérebro que nos permite "pensar" as coisas, onde se conectam todas as interações conscientes que temos com o mundo. Nós o usamos toda vez que geramos pensamentos; alguns chamam de memória de trabalho (*working memory*). Essa região é uma das que mais consome energia, pois se ocupa de compreender, decidir, memorizar, lembrar e inibir certos pensamentos para trabalhar ou realizar algo que requer nossa atenção e consciência. Imagine o cérebro contendo um depósito de combustível necessário para realizar todas as suas funções (na verdade, é principalmente glicose e oxigênio). O córtex pré-frontal utiliza grande parte desse combustível limitado. Por mais que se esforce, a qualidade de um pensamento dura uma quantidade concreta de tempo. Não depende de nosso esforço; é um limite biológico. Alguns cientistas afirmam que, por se tratar de uma parte muito nova de nosso cérebro, o córtex pré-frontal ainda não passou pela evolução e pelo desenvolvimento necessários para ser energicamente eficiente. Devemos entender que, se realizamos atividades em que o córtex pré-frontal necessite intervir após algumas horas de trabalho, nos sentiremos exaustos e não poderemos pensar com a mesma clareza e eficiência.

## Teoria da mente

A **teoria da mente** é uma expressão usada para designar nossa capacidade de atribuir pensamentos e intenções a outras pessoas, como nossa aptidão de "ler" a mente de outra pessoa e prever o que está acontecendo ou o que ela quer. Isso requer uma tremenda atividade cerebral. Muitos cientistas defendem que há uma relação direta entre a incorporação dessa habilidade e nosso domínio intelectual sobre o planeta. Quando prevemos o estado de outra pessoa, estamos detectando sinais que não são nada óbvios. Fazemos isso de maneira automática, muitas vezes sem perceber que estamos fazendo. Com base nessa teoria, nossa habilidade de aprender está intimamente ligada à nossa forma de nos relacionarmos. **A eficiência para aprender algo está relacionada ao ambiente emocional em que se está aprendendo.** Muitos estudos demonstram a importância da relação estabelecida entre aluno e professor para o aprendizado correto. Poderíamos estender esse conceito às seguintes relações: chefe-funcionário, pai-filho etc.

Em suma, a razão ou a lógica (córtex) nos fazem humanos e nos diferenciam do resto dos animais. Entretanto, ainda somos mais emocionais do que racionais. Logo, razão ou emoção? Nem uma, nem outra... Somos o resultado de uma bela interação entre ambas.

## O passado... pisado?

No livro *The Buying Brain*, o doutor A. K. Pradeep conta quatro mini-histórias muito eficazes para explicar a diferença, ou melhor, a semelhança, da vida cerebral de nossos primeiros ancestrais há cem mil anos na África e nossa vida hoje. Essas mini-histórias são as seguintes:

VAMOS VIAJAR NO TEMPO E OBSERVAR A VIDA HÁ CEM MIL ANOS...

Você acorda na savana africana em um dia muito seco, com o sol no rosto. Você está com fome e frio. Seu cérebro orientado por objetivos (seu córtex pré-frontal novo em folha manda o corpo buscar e encontrar aquilo de que mais necessita) o impele a sair, a conseguir alimento. Você pega a lança, também nova em folha, e afasta-se do refúgio. Seus níveis de ansiedade aumentam, seus sentidos estão alertas, seus ouvidos captam todos os ruídos a 360 graus. Seus olhos fazem uma varredura do horizonte, seu nariz fareja outros animais, água e plantas. Sua boca está muito seca, e todos os seus músculos estão tensos e preparados. Sua respiração é rápida, e seu ritmo cardíaco está elevado. Duas horas depois, seus olhos, seus ouvidos e seu nariz o alertam. Algo está se mexendo atrás dos arbustos. Logo surge uma cauda, e de repente o olhar de um **leopardo** encontra o seu. Em uma velocidade alucinante, seu cérebro calcula o próximo passo. O leopardo é mais rápido que você. Deveria fugir? Mas sua lança é mortal, e você está com muita fome. Deveria lutar? Em questão de milissegundos, a decisão está tomada. O leopardo também está com fome, e você percebe a determinação dele ao se aproximar agachado e mostrando as presas. Os bigodes dele se movem enquanto entra em estado de alerta máximo. Então, toma a decisão e o ataca. São dois predadores mortais famintos. Apenas um sobreviverá. Seu coração bate com força, seu corpo transpira e seus músculos tremem enquanto avança sobre essa vida com cenários de vida ou morte. A luta foi curta, porém sangrenta.

Você está ferido, mas voltará ao refúgio com sua lança. O leopardo está agonizando, e você acumula endorfina no corpo, o hormônio que diz "me sinto bem", que produz uma sensação de euforia. Coloca o leopardo nas costas e caminha alguns quilômetros até sua casa, afugentando corvos e hienas que querem roubar sua comida. O povo de sua tribo o recebe com alegria, prepara uma festa e limpa suas feridas. Aqui se acende o circuito cerebral da recompensa, e a sensação de orgulho e dever cumprido se estabelece profundamente em sua psique. Isso o motivará a sair para caçar outro dia.

Quando o sistema de comportamento-recompensa se acende no cérebro, libera-se uma forte dose de dopamina, que nos motiva a tentar reproduzir de novo a ação que deu origem a isso. Durante algum tempo, esse sistema de comportamento repetitivo acende o circuito de recompensa e outros sistemas neurológicos que nos motivam a melhorar o comportamento e a realizar uma ação com mais facilidade e frequência.

Exausto física e emocionalmente, você dorme um sono reparador. Um novo dia amanhece.

## MESMO CÉREBRO HOJE, NO SÉCULO XXI...

Pela manhã você acorda com o barulho de seu alarme digital. Você está aquecido e confortável. Em vez de buscar alimento para garantir sua sobrevivência, abre a geladeira para ver que opção de "baixa caloria" é mais conveniente. Raramente, ou nunca, a busca por um sustento é o principal motivador para iniciar suas atividades. Mas seu cérebro primitivo ainda sente compulsão por caçar, por conseguir, de modo que eleva a missão do dia a um cenário de vida ou morte. Você lê seus *e-mails* e percebe que um fornecedor acabou de mandar um documento.

Exatamente como aconteceu na faminta savana africana, sua ansiedade aumenta, deixando-o tenso e superalerta. O cérebro exige que você busque alívio. Você pega o *laptop* e o celular e vai de carro para o trabalho. Sentado, enquanto dirige, seu cérebro se sente ameaçado. As buzinas soam todas ao mesmo tempo, e sua amígdala (a parte do cérebro que responde ao estresse) lança faíscas. Sua pressão sanguínea aumenta, e seu coração acelera. Todo tipo de anúncio publicitário da estrada o seduz e o invade incessantemente. Você liga o rádio. A Bolsa caiu. Seu sentido de segurança se vê ameaçado outra vez. Sua irritação cresce quando um carro quer ultrapassá-lo onde não deveria. Você se irrita e não o deixa passar, fazendo uma manobra digna de um ás do volante. Chega ao trabalho e estaciona. No estacionamento, um grupo de jovens suados e trêmulos tenta roubar seu computador, o celular e o dinheiro. Seu instinto de sobrevivência entra em jogo. Você grita e tenta passar entre os jovens. Você resistiu, e agora eles estão irritados, mas também desesperados. Não querem apenas seu *laptop*, mas também sua vida. Seu coração dispara, e seus músculos tremem. Nesse momento, chegam os guardas, e os homens escapam. Você quase desmaia de alívio. Horas, dias e semanas depois, seu cérebro vai reviver a cena. Vai sonhar com ela todas as noites. Seu limite de medo agora está mais baixo, e sua segurança se vê constantemente ameaçada. Contudo, você não corre nem foge, como há cem mil anos, mas entra no escritório e se senta à sua mesa. Interage com os colegas o dia inteiro, tentando influenciá-los e obter mais poder.

---

Seu nível de cortisol (o hormônio do estresse) aumenta, melhorando seu estado de alerta e de resposta.

---

Você está "jogando em casa", aliando-se àqueles que apoiam seus objetivos e controlando quem poderia destruí-lo. Seus olhos, vigilantes o tempo todo, ocupam-se disso. Quando volta para casa, já é noite, e as luzes piscando o acompanham durante o trajeto. Seu cérebro luta para tentar entender todas essas mensagens que essas luzem enviam. A maioria delas é irrelevante. Aquelas mensagens novas ou relevantes repercutem no hipocampo e ficarão guardadas de maneira mais permanente em seu córtex. Você chega em casa, liga uma das três televisões de plasma (ou as três) e passa algumas horas recebendo, lendo ou enviando mais mensagens (de texto, de *e-mail*, de internet, de publicidade etc.). Acaba caindo em um sono nada reparador, que é importantíssimo para consolidar as informações em sua memória, o que poderia ajudá-lo no dia seguinte a se adaptar melhor.

VAMOS VIAJAR NO TEMPO OUTRA VEZ PARA CEM MIL ANOS ATRÁS, MAS VAMOS COMPARAR O DIA DE UMA MULHER NAQUELA ÉPOCA COM UM DIA ATUAL...

Você acorda suada com um bebê faminto em seus braços. Depois de limpá-lo e alimentá-lo, busca comida para você mesma. Você está perigosamente magra e morrendo de sede. O bebê precisa sugar de você todas as reservas de gordura. Com o bebê no colo, você se aventura por uns metros em torno de sua área de refúgio. As outras mulheres, adolescentes e crianças de sua tribo vão com você. Aproximam-se de um lugar onde você encontrou saborosos frutos e raízes dias atrás. Quando as crianças dormem, algumas mulheres cuidam delas e outras continuam colhendo frutos, sementes, raízes e, às vezes, pequenos roedores e cobras. Todas as mulheres ficam perto umas das outras, sempre alertas à aparição de predadores, preparadas para proteger as crianças das feras. Entretanto, jamais atacariam predadores perigosos e grandes. Seu córtex pré-frontal sabe que um ataque "tudo ou nada" poderia deixar seus filhos vulneráveis, sem proteção ou até mortos. Sem saber disso, esse cuidado lhes permite cumprir com seu objetivo na evolução da espécie: procriar com êxito.

O grupo de mulheres e crianças passa o dia coletando comida e provendo apoio mútuo. No entanto, se alguém mente ou engana, talvez tenha uma vantagem evolutiva para ela e sua prole. As mulheres cuidam dos doentes e aprendem rapidamente a interpretar as outras pessoas, sobretudo os filhos, que podem comunicar-se apenas com expressões faciais e olhares. Sem linguagem falada, as mulheres conseguem distinguir se choram por fome, irritação, tédio, angústia etc. Enquanto cuidam dos filhos o dia inteiro, a oxitocina flui pelo sistema, deixando-as tranquilas e até um pouco sedadas, mas muito comprometidas com suas tarefas.

---

A fiação do cérebro feminino evolui, assim, com habilidades empáticas, compreendendo, muitas vezes, somente ao olhar para os outros, os sentimentos ou as necessidades deles.

---

Ao cair da noite, os homens voltam para casa. Algum deles terá caçado uma grande presa, que nutrirá toda a tribo com proteínas e calorias. As mulheres parabenizam e recompensam o caçador exitoso (que também triunfa no aspecto sexual), enquanto reagem tímidas e cautelosas com os frustrados para não os irritar além do limite. As mulheres escolherão o melhor macho, segundo suas qualidades de caçador exitoso, e procriarão com ele. Enquanto jantam e escutam as histórias dos caçadores (no idioma "resmungo"), as mulheres encostam-se ao lado de seus homens, com seus bebês no colo.

MESMO CÉREBRO, CEM MIL ANOS DEPOIS...

Você desliga o alarme, toma banho e veste-se bem rápido. Lá fora ainda está escuro, o que lhe permitirá completar todas as atividades do dia. Prepara a mochila e a lancheira das crianças. Olha o calendário e vê qual é a atividade de hoje. Assina uma autorização para um passeio e escreve um bilhete para a babá lembrando que sua filha tem dentista à tarde e seu filho tem um jogo de futebol. Dá uma olhada na geladeira, anota o que falta e deixa um bilhete para os filhos dizendo o que podem lanchar quando voltarem da escola. Paga as contas *online* antes de acordar as crianças. Depois as veste, serve o café da manhã e as leva à escola. Seu cérebro se desenvolveu para multitarefas, como o de suas ancestrais que cuidavam das crianças, buscavam alimentos e cuidavam dos doentes. É campeã em eficiência.

---

A fiação do cérebro feminino evoluiu para o que se conhece como *multitarefas*, com uma conexão entre os hemisférios direito e esquerdo mais importante que no típico cérebro masculino. Isso lhes permite fazer malabarismos entre as emoções, a lógica e as muito diferentes tarefas diárias, com mais facilidade. Ao longo do seu dia, as mulheres têm muitas "missões críticas".

---

Todos os seus filhos precisam que você os acorde mais de uma vez. Você tem de escovar os dentes, pentear o cabelo, lavar o rosto... Quando já estão no carro a caminho da escola, sua filha chora porque não gosta do vestido que você escolheu para ela, mas sua habilidade empática resolve o problema rapidamente. Pega o *laptop* e o celular e dirige-se à escola. Logo se lembra de que hoje é sua vez de dar carona às outras crianças, então dá a volta. Frustrada, chega tarde à casa das outras crianças e à escola, e tem de suportar a chatice dos outros pais. O trânsito está caótico. Motoristas agressivos freiam de repente, buzinam e ultrapassam por onde não deveriam. Seu cérebro sente isso como uma situação de "vida ou morte". Seu coração bate com mais força, sua ansiedade aumenta, e flui cortisol por seu sistema. Mas seu cérebro está preparado para lidar com perigos iminentes e ataques prováveis. Chega ao escritório correndo. Quase sem alívio, entra tarde em uma reunião. Enquanto apresenta seu trabalho aos colegas, parte de seu cérebro continua pensando em seus filhos. Coloquei fruta? Será que aquela coriza é gripe ou alergia? Mergulha no trabalho, recebendo propostas e pedidos. Seu cérebro multitarefas acessa os dois hemisférios sem muito esforço. Você não almoça porque está atrasada. Às duas e meia da tarde, liga para a babá. Ela está doente. Seu cérebro agora lança sinais de alarme por todos os lados! As crianças devem ser protegidas, é a prioridade. Pega suas coisas e sai em disparada, mesmo sabendo que o que seu chefe ou seus colegas disserem pode prejudicar sua carreira. Seu cérebro a adverte. Dirige de volta para casa rapidamente e olhando para o relógio o tempo todo. Vai chegar tarde, e sua respiração é entrecortada e rápida. Cada semáforo vermelho lhe causa desespero. Vai! Vai! Abre! Abre! Chega 15 minutos atrasada, e seus filhos estão entediados e irritados. Deixa a menina no dentista e o menino no futebol, depois volta ao dentista. Não pôde ver nem um minuto do treino de seu filho. Não pôde sentar-se ao lado da filha no dentista. Entretanto, seu cérebro desfruta do conforto de tê-los por perto. Volta para casa, às sete da noite, e a geladeira está vazia. Está acordada há mais de 12 horas e ainda não conseguiu passar 15 minutos brincando com os filhos. Ajuda-os com o dever de casa, pede uma *pizza* e abre o computador para terminar o trabalho atrasado. Depois de jantarem por 20 minutos, cada um vai para seu quarto. Como mulher com cérebro que precisa se conectar, sente-se um pouco incomodada porque não conseguiu conversar com os filhos, nem com o marido, nem com os amigos o dia todo. Às dez da noite, os coloca para dormir, depois de revisar o dever de casa deles, e o marido chega enquanto você está tirando a roupa da lavadora. Conversam só um pouquinho e, exausta, vai para a cama por volta de meia-noite. Sonha com ameaças e ataques simbólicos enquanto seu cérebro tenta entender o que aconteceu durante o dia.

---

Comparado ao de suas ancestrais, o cérebro das mulheres de hoje tem muito mais responsabilidades. Sua habilidade para manter os seus por perto é constantemente ameaçada pelo estilo de vida da cidade moderna.

---

Essas histórias nos mostram com clareza como as emoções e o instinto são os verdadeiros condutores de nosso comportamento, seja há milhares de anos, seja hoje, no século XXI.

Na sequência, entraremos no mundo da criatividade.

CAPÍTULO 3

# O PROCESSO CRIATIVO

## As mesmas coisas não acontecem a todos

Confie na incerteza, ela conduzirá você à luz.

Joanna Swanger

O processo criativo é descrito em cinco grandes etapas. A primeira é um **período de preparação.** A pessoa mergulha, de maneira consciente ou inconsciente, em uma série de problemas ou em algum desafio, objetivo, que desperta sua curiosidade e interesse. O que quero resolver? O que me interessa? É o que chamamos de nosso desafio criativo. Ocasionalmente, pode acontecer de alguém ter um descobrimento criativo sem muito preparo. A segunda etapa desse processo é um **período de incubação.** As ideias se agitam por baixo do nível da consciência. Nesse momento, surgem as conexões **incomuns**, e as ideias começam a se associar umas com as outras, sem que nós as levemos conscientemente por um caminho reto e estreito. *Algo vai acontecer.* É a famosa expressão "consultar o travesseiro". Durante esse período, há certos intervalos de processo consciente. No entanto, por ser misterioso, uma vez que não é consciente, muitas vezes se pensa na incubação como a etapa mais criativa. Como o processo consciente pode ser analisado pelas regras da lógica, da razão, o que acontece nos espaços vazios, escuros, desafia a análise e evoca algo misterioso que circunda a criatividade. Alguns chegam a falar de algo místico, a musa inspiradora. A incubação pode durar anos e, às vezes, horas ou minutos. A terceira etapa é a da **revelação** ou *insight*. O momento *eureca* de Arquimedes. Quando a última peça do quebra-cabeça se junta às demais. As revelações podem ocorrer a qualquer momento, mas quando ocorrem são lembradas com muita intensidade e emoção. Em geral, acontecem em nosso consciente após muito tempo de trabalho. É como segurar uma rolha debaixo d'água e, ao soltá-la, ver que ela flutua. De acordo com a experiência, a pessoa atinge revelações importantes ou criativas quando está preparada, com a mente disposta, como as pessoas que pensaram e trabalharam com afinco em algum problema, desafio ou disciplina. Contudo, também há situações em que se chega a ideias criativas, onde ninguém perguntou nada, em que não se conhece o problema. É quando uma pessoa identifica que existe um problema, mas também uma solução. Descobre-se um problema. Mais à frente veremos o que acontece com o cérebro logo antes e durante um *insight*. A quarta etapa é de **avaliação**. Devemos decidir se essa revelação tem algum valor e se vale a pena cumpri-la. É um momento muito emotivo, pois a pessoa deve processar essa ideia e tentar decidir se vai realizá-la ou não. Muitas vezes, ela se sente insegura ou com muitas incertezas, uma vez que se trata de algo desconhecido. Também é aqui que aparecem as autocríticas e as críticas alheias. Pessoas que trabalham conosco, seus critérios e preconceitos... É como quando alguém pinta um quadro e se afasta para ver o que está pintando, quando alguém relê o que escreveu, quando cientistas revisam cálculos ou equações para ver se seus pensamentos estão corretos. A maioria das revelações não vai muito além, mas, quando são adequadas, quando realmente fazem sentido, começa o trabalho de **elaboração**, que é a última etapa do processo, e também a mais longa. Demanda mais tempo e mais trabalho. Thomas Edison dizia: "99% de transpiração e 1% de inspiração". É necessário começar a trabalhar, colocar em prática e, muitas vezes, até a sair da zona de conforto, esforçar-se, mudar, incentivar-se, convencer outras pessoas. Isto é, quando temos uma revelação que consideramos muito útil para nosso desafio, raramente o processo termina aí. A realidade nos mostra que essa nova ideia deve ser polida. **Os esboços do hemisfério direito devem ser transformados em uma obra de arte acabada.** É um trabalho que poucas vezes é divertido, mas é essencial.

Essas etapas do processo criativo não devem ser consideradas de maneira literal. Muitas pessoas contribuem de maneira criativa em suas tarefas ou na vida, sem passar necessariamente por todas as etapas. O processo criativo tem interrupções constantes, em que se vai processando em circunstâncias distintas e revelando coisas em diferentes etapas. Não é um processo linear o tempo todo, possui diferentes círculos e necessita de muitas revelações instantâneas, e depende também do quanto aquilo que queremos compreender ou resolver é profundo e necessário ou de qual é o nosso desafio.

As cinco etapas do processo criativo são uma forma bem simplificada, o que às vezes pode nos confundir. No entanto, ao mesmo tempo, é um meio bastante válido e simples de organizar esse procedimento tão complexo. Acredito que o mais importante seja lembrar que essas etapas não são exclusivas e, em geral, se sobrepõem, muitas vezes durante o processo até que este termine. Sintetizar em vez de dar tantas voltas.

### Técnica: Perguntas divertidas

Se seu problema fosse um ser vivo, como seria? Desenhe um ser vivo que represente seu problema. Pense como seria o passado e as reencarnações futuras de seu problema. Se fosse de comer, que gosto ele teria?

Existe algo muito belo nesse problema?

Existe algo muito interessante no problema em si?

Consegue imaginar a vida pessoal do problema?

Como ele é politicamente?

Qual é sua religião?

Como seria sua vida amorosa?

Quando o problema nasceu? Tem irmãos? Tem amigos? Tem medos?

Se você fosse o psicólogo ou terapeuta do problema, que coisas ele lhe confessaria?

## Como as ideias surgem?

A criatividade alimenta-se de ideias, e estas vêm de algum lugar. As ideias são criadas no cérebro, em nossa mente. Um dos trabalhos mais interessantes para explicar o surgimento das ideias é "Neurociência cognitiva e o estudo da memória", de Eric Kandel, galardoado com o Prêmio Nobel de Fisiologia e Medicina em 2000 graças a essa contribuição. O doutor Kandel e seus colaboradores propõem um novo modelo do cérebro: o da "memória inteligente". Desde o surgimento desse modelo, a maioria dos neurocientistas deixou de aceitar a teoria do doutor Roger Sperry sobre os dois hemisférios, direito e esquerdo, do cérebro. Na teoria de Kandel, a análise e a intuição trabalham simultaneamente em todos os modelos de pensamento. Não existe cérebro direito e cérebro esquerdo. Existem apenas aprendizado e lembrança, que trabalham em diferentes combinações por todo o cérebro.

Para não sobrecarregar você com complexidades científicas, a teoria diz mais ou menos o seguinte: desde o momento em que nascemos, tudo, absolutamente tudo o que acontece na vida fica registrado em algum lugar do cérebro, que chamaremos de **memória inteligente**. Não apenas nossas experiências, mas tudo o que aprendemos: o que lemos, o que vemos, o que nos contam. Uma forma visual que gosto de usar para entender essa teoria é imaginar que o cérebro está cheio de gavetas e que cada coisa ou evento que aconteceu conosco, que aprendemos, ficou guardado em alguma gaveta, em nossa "memória inteligente": o cérebro é como um arquivo.

---

Você sabia que uma das atividades que mais consome energia no cérebro é pensar em coisas que nunca vimos? Também é por isso que fica tão difícil pensar em coisas novas.

---

As gavetas começam a abrir e fechar, e as lembranças contidas nelas se conectam aleatoriamente. Quanto mais relaxados estamos, mais se abrem, se fecham e se interconectam. Quando isso ocorre em algum momento particular do dia ou da noite, temos "mais" ideias do que no resto da jornada. Isso depende muito de cada pessoa: no banho, saindo para correr, praticando esportes, dirigindo, no metrô ou no ônibus, brincando ou empurrando sua filhinha no balanço. São momentos de **iluminação mental**.

Quando o cérebro está mais relaxado, surgem mais ideias, que podem ser rotineiras, conhecidas ou irrelevantes e, às vezes, podem ser ideias que podemos chamar de criativas. Quanto mais nos ocorrem, mais existe a possibilidade de alguma delas ser criativa. Em resumo, as ideias são a combinação aleatória de conceitos, vivências, exemplos, pensamentos e histórias que já estavam armazenadas em nossa memória inteligente, em nossas gavetas. Não dizemos nada "novo", a novidade é a forma como apresentamos o que já conhecemos. De repente, essas combinações que colidem entre si aparecem em nosso consciente. "Vemos" a ideia. Temos um *insight* ou revelação. Quanto maior nossa iluminação mental, maior a possibilidade de *insights*. Quanto menos ruído houver em nosso consciente, quanto mais tranquilos estivermos, aproveitando, fazendo algo que realmente nos agrade, mais *insights* teremos.

---

Beethoven experimentava 70 versões diferentes de uma frase musical antes de ficar com a definitiva. "Faço muitas alterações, rejeito e experimento de novo, até ficar satisfeito", dizia ele a um amigo. É completamente normal refinar suas ideias constantemente até encontrar uma que lhe soe melhor.

---

Algumas empresas inovadoras entendem isso muito bem e oferecem aos funcionários tempo livre em espaços flexíveis, amplos, luminosos, agradáveis, com tempo para imaginar o futuro. Ali, mais relaxados, sem a necessidade imperativa de apagar o incêndio da rotina, sabem que terão mais ideias. Por uma questão de matemática estatística, como já discutimos, quanto mais ideias temos, mais possibilidade de alguma delas ser criativa. Se a organização é generosa com os funcionários, estes são generosos com a organização.

Na Seleção Nacional de Futebol da Argentina, Lionel Messi é a mesma pessoa com o mesmo cérebro de quando jogava no Barcelona. No entanto, ele produzia muito mais no Barça: fazia de dez a 15 jogadas por partida e duas ou três resultavam em gol. Entretanto, na seleção, faz duas ou três por partida; portanto, há menos possibilidades de fazer gol, ou seja, de que sejam criativas. A produção de suas jogadas e o desenvolvimento de seu talento e criatividade dependem muito do ambiente, do clima organizacional, de quem são seus colegas, de quem é seu chefe, de como se sente. A criatividade não é algo mágico que se acende em qualquer lugar, mas que está intimamente relacionada ao entorno. **A criatividade depende de um ambiente estimulante.**

### Técnica do desenho abstrato

Faça vários desenhos abstratos usando qualquer tipo de forma, a que quiser. Faça rápido, usando sua intuição.

Selecione apenas uma das formas que você desenhou — a que mais lhe agrada, a que lhe chama mais a atenção, deixe a intuição escolher.

Encontre os atributos e as características mais essenciais dessa forma. Por exemplo: suave, leve, grosseiro, estranho, circular, pontiagudo etc.

Use esses atributos e essas características para inspirar você a desenhar outra forma diferente.

Estude o que essa última figura pode representar (uma nuvem, um gato, um iogurte, um soldado, uma bandeirola etc.).

Misture esses conceitos que você descobriu em sua figura com o desafio criativo.

É inegável que todos nós temos revelações durante o dia ou durante a noite. Estudos recentes mostram que muitas ideias que provêm da combinação de conceitos, nesse abrir e fechar de gavetas mentais, são esquecidas assim que surgem ou pouco tempo depois. Devemos dar forma a elas imediatamente no papel ou em dispositivos de *touchscreen*. Nunca se deve subestimar o poder de uma ideia que aparece "do nada", no momento mais inoportuno do dia. Anote-as e releia as anotações. Risque as que não servem para não contaminar seu campo visual.

Proponho a você que pense em quais foram suas dez últimas boas ideias. Onde você estava quando as teve? Anote. Anote. Anote tudo.

## Primeiro produzir

> As ideias são como os coelhos. Se você tiver duas, logo terá uma dúzia.
>
> John Steinbeck

> Para ter boas ideias, você precisa ter muitas ideias. A maioria será ruim, então você precisa saber quais precisa descartar.
>
> Linus Pauling

Mencionamos o pensamento produtivo, aliado da criatividade, como poder pensar coisas realmente novas, em contraste com o pensamento reprodutivo, que tende a repetir o que já conhecemos. Mas também podemos nos referir à produção em quantidade. Gerar muitas ideias, muitas jogadas do Messi para que uma termine em gol. Quando Edison melhorou a lâmpada elétrica e criou a bateria, um assistente perguntou como fazia para persistir tentando chegar a essas invenções quando já havia fracassado milhares de vezes. Edison dizia que não entendia a pergunta. Para ele, nunca havia fracassado, apenas descobrira o que não funcionava. Picasso pintou, entre quadros, trabalhos e desenhos, cerca de 50 mil obras. Claramente, nem todas são conhecidas dessa produção gigante. Entretanto, ele sabia que, para criar algo diferente e de que gostasse, era necessário primeiro produzir muito. Deve-se produzir e gerar muitas ideias antes de limitar-se a pensar em uma que seja boa ou diferente. Para isso, deve-se pensar de maneira fluida, sem se criticar, sem julgar, sem avaliar. No início, você deve se soltar, se desinibir e se dedicar a produzir. Nada é mais contraproducente para a criatividade que a crítica ou o julgamento. Para nós, isso é difícil de evitar. Somos educados e condicionados de forma crítica e julgamos permanentemente. Estamos sempre julgando novos pensamentos e novas ideias de maneira imediata e instintiva. É como dirigir com um pé no acelerador e outro no freio. Consequentemente, quando estamos gerando muitas ideias (tempestade de ideias ou *brainstorming*) passamos parte de nosso tempo, às vezes tempo demais, imaginando todos os motivos para determinada ideia não funcionar ou não poder ser colocada em prática. Entretanto, na verdade, devemos nos dedicar a **gerar** todas as ideias possíveis. Depois que a ideia é julgada por alguém ou por nossa autocrítica, o pensamento criativo é paralisado. Se isso acontece, as poucas ideias novas geradas a partir desse momento voltarão, enfim, aos pensamentos dos padrões conhecidos, seguros e conservadores que temos no cérebro. Pensar sem julgar é algo dinâmico e fluido. As ideias começarão a se chocar, e poderemos associar novas ideias, novas combinações delas e dar lugar a um sem-número de possibilidades.

---

Há uma forma de fazer melhor. Encontre-a.

Thomas Edison

---

### Técnica Scamper

*Scamper* é a tempestade de ideias para principiantes ou para pessoas que não sabem debater bem de maneira ordenada. Essa técnica é realizada com uma série de perguntas pertinentes e direcionadas, relacionadas a: substituir, combinar, adaptar, modificar, pôr em outros usos, eliminar e reorganizar ou, às vezes, reverter.

Por exemplo, se meu desafio é "melhorar o rendimento de minha equipe de trabalho":

Começo a usar a letra S de substituir; posso substituir coisas, lugares e procedimentos. O que faço? Troco as pessoas? Demito algumas? Contrato outras? Mudo de trabalho? Mudo a maneira de executar os projetos? Mudo de líder? Mudo os escritórios ou o local onde nos reunimos?

A letra C é de combinar. Combino temas, conceitos e ideias. Combino os cargos dos funcionários? Os que vendem melhor vão para um escritório e os que vendem menos saem para vender, para ver o que acontece? Combino o trabalho deles a alguma coisa recreativa?

A letra A é de adaptar. Adapto ideias de outros contextos. E assim sucessivamente.

No final, você terá gerado respostas para todas essas perguntas hipotéticas, e muitas delas serão ideias ou adaptações de ideias que você vai avaliar e lhe servirão em seu desafio criativo.

Outro obstáculo à sua criatividade: quando você tem uma boa ideia, isso pode lhe impedir de ter outra melhor. Por isso, é necessário gerar sem pensar se está bom ou não, se será implementável, se solucionará o problema. Deve-se permitir um tempo para gerar sem se censurar. Para isso, recomendo sempre impor a si mesmo um desafio de tempo e de quantidade de ideias. Dessa maneira, concentra-se a energia. Cem ideias em uma hora é a estratégia de tempo/quantidade mais utilizada em empresas inovadoras.

Pense e escreva 100 funções diferentes que um tijolo pode ter. Você verá que as primeiras dez ou 20 serão as comuns, as mais conhecidas: construir uma parede, subir nele, fabricar uma churrasqueira, sustentar livros em uma estante etc. Depois, as 30, 40 ou 50 ideias seguintes começam a ficar um pouquinho mais originais. À medida que a pessoa se aproxima desse limite de 100 ideias, a mente fará um esforço extra e, assim, são geradas **alternativas** muito mais criativas ou imaginativas. Para fazer isso de maneira eficiente, é necessário desligar o crítico interior e começar a escrever todas as ideias, até as óbvias ou que parecem ruins. É provável que o primeiro terço das ideias inclua as antigas, as mesmas; no segundo, começam a ficar mais interessantes; e, por último, certamente mostrarão outras revelações, curiosidades e complexidades. Dessa maneira, se não tivéssemos autoimposto uma quantidade enorme de ideias, essas últimas 30 jamais teriam aparecido.

*Os sete mandamentos que você deverá respeitar ao gerar ideias*

**Não julgará a si mesmo:** deixe que as ideias fluam; seja flexível.

**Não fará comentários:** qualquer comentário negativo ou crítica mudará seu humor, e isso afetará seu potencial criativo.

**Não editará:** não deixe que seu editor interno interfira no processo. Editar é trabalho do hemisfério esquerdo do cérebro, que não é convidado para a geração de ideias.

**Não executará:** caso tenha uma ideia e, na mesma hora, outra parte de seu cérebro já está distraída pensando em como colocá-la em prática.

**Não se preocupará:** o medo, como veremos, é um grande bloqueador da criatividade.

**Não olhará para trás:** evite dizer que "testei essa ideia há dois anos, e não funcionou".

**Não se desmotivará:** é fácil começar a perder energia e interesse no que você está fazendo. Não faça isso.

O pensamento criativo depende muito desse pensar contínuo em ideias, de modo que seja amplo o suficiente para eliminar, no início, as ideias comuns, as habituais, as conhecidas e para produzir as mais incomuns ou imaginativas, após descartar as primeiras, com o passar do tempo.

Uma das formas mais eficientes de gerar uma grande quantidade de ideias durante a semana é catalogá-las e anotá-las em algum caderninho ou no celular à medida que surgem. Como vimos, elas surgem e vão embora de repente. Embora você possa dedicar uma hora para gerar ideias, o cérebro funciona ininterruptamente, e elas surgem a qualquer hora do dia, ainda mais nos momentos de iluminação mental. É possível construir uma biblioteca de ideias; além disso, quando as escreve e cataloga, acelera-se o pensamento e concentra-se a atenção. Acaba sendo um método bem simples, mas poderoso e bastante surpreendente, pois utiliza um lado compulsivo nosso e nos torna pensadores cada vez mais fluidos e flexíveis. Quanto mais escrevemos, mais rápido pensamos e de maneira mais maleável.

### Fluir mental

Para que seu pensamento seja mais fluido (quantidade) e mais flexível (criativo), faça listas.

Fazer listas de coisas é uma forma muito poderosa de incrementar a fluidez de seu pensamento.

Por exemplo, faça uma lista em poucos minutos de todos os usos possíveis para uma bicicleta. É provável que você pense em muitas coisas, mas também que censurará alguns pensamentos e anotará apenas os mais óbvios. Para romper com essa censura, é necessário ser mais flexível. Permita-se escrever um monte de outras ideias.

A flexibilidade, no âmbito do pensamento, significa a habilidade de ver além do comum ou do convencional. Significa ter uma listagem de pensamento a partir da qual se pode improvisar mais.

## EXERCÍCIO PARA TREINAR O PENSAMENTO FLUIDO E FLEXÍVEL

Escreva uma frase de quatro palavras (“quero comer muitos doces”).

Escreva frases com quatro palavras em que cada palavra comece com a primeira letra da frase original.

Por exemplo, "q" de quero, "c" de comer, "m" de muitos e "d" de doces: "quantos cientistas montam drones" ou "queijo cremoso mexicano defumado".

## Bloqueios e revelações no cérebro

> Ter um *insight* é como encontrar uma agulha em um palheiro. Há um trilhão de possíveis conexões no cérebro, e devemos encontrar uma que seja exatamente a que necessitamos.
>
> Mark Beeman

Pense em seu potencial criativo como uma floresta em chamas. A energia furiosa e quente, espalhando-se e crescendo com poder explosivo. As florestas não são incendiadas magicamente do nada. Começam com uma faísca. O mesmo acontece com a criatividade. Um dos grandes bloqueios da criatividade é ter a sensação de que você precisa imaginar e projetar perfeitamente toda a solução criativa antes de começar a trabalhar em seu desafio. Todos os projetos criativos que elaborei nasceram de uma faísca simples, porém perfeita, de inspiração. Todos os desafios criativos colidem, passam por metamorfoses e mudam de direção a caminho da solução final.

Os bloqueios criativos são conhecidos na neurociência como *impasse* e ocorrem quando alguém está realizando uma tarefa utilizando seus pensamentos conscientes e se depara com um caminho sem saída em que não consegue resolver algo. Um *impasse* é como uma pedra no meio do caminho de um desejo mental, alguma conexão que você quer fazer, mas não pode efetuar: quer se lembrar do nome de um velho amigo, pensar no nome de seu próximo filho ou não saber o que escrever em um projeto porque "deu branco". Todos temos esses bloqueios ou *impasses* regularmente. Quando alguém precisa ser criativo, é muito importante e relevante superá-los ou evitá-los de alguma forma.

No mundo atual, vários estudos mostram que mais de 50% dos trabalhadores realizam tarefas relacionadas à criatividade, de alguma forma. Descrever, inventar, projetar, desenhar, colorir, dar um novo contexto etc. Criar ou transmitir informações de maneira nova. A novidade nos chama a atenção poderosamente, e no mundo dos negócios, tende a gerar ganhos. Nesse sentido, o processo criativo é um grande motor para a criação de valores. Ainda que, em geral, na maior parte de seu dia você execute rotinas que não implicam muita criatividade, muitas vezes você encontra um novo inconveniente. Alguns desses problemas não têm procedimentos a serem seguidos, explicações óbvias ou lembranças no cérebro, e necessitam de soluções distintas das que já foram elaboradas ou realizadas. Para ultrapassar os bloqueios e permitir o surgimento de *insights*, nada melhor do que silenciar a atividade de seu córtex, onde são gerados seus pensamentos conscientes. É o próprio ruído do córtex que provoca os bloqueios. Graças à tecnologia, podemos medir o que acontece com o cérebro enquanto as pessoas estão tentando solucionar problemas com características diferentes. O doutor Mark Beeman, da Northwestern University, descobriu que 40% das vezes as pessoas resolvem os problemas de maneira lógica, testando uma ideia após a outra até que algo se encaixe. Os outros 60%, como já vimos, resolvem mediante *insights*, uma experiência caraterizada por não ter uma progressão lógica para chegar à solução, pois surge de maneira repentina e surpreendente. Como já aprendemos sobre o processo criativo, esses *insights* comprometem o inconsciente e surgem em locais e momentos estranhos, incomuns, sobretudo quando alguém está fazendo algo em que não há esforço do córtex, da razão e do consciente para resolver um problema.

Mencionamos que, no geral, quando alguém enfrenta um problema novo, a pessoa aplica estratégias que já funcionaram em experiências anteriores. Isso funciona se o problema novo é muito parecido com o problema antigo e se não precisa de soluções diferentes e criativas. Entretanto, em muitas situações, a resposta do passado impede as melhores soluções que poderiam surgir. Essa estratégia incorreta transforma-se na fonte do *impasse,* que acontece quando alguém tenta encaixar soluções antigas em problemas novos. O que a ciência mostra é que muitas vezes alguém se prende ao *impasse* porque as respostas erradas estão impedindo as corretas. Solucionar um *impasse* é como tentar mudar a direção do trânsito em uma ponte estreita: é necessário primeiro deter os carros de um sentido para que os que estão no sentido contrário passem. Ao descansar do problema, suas formas de pensamento ativas e conscientes diminuem, e você permite que o subconsciente comece a falar. Isso também explica por que muitas vezes outras pessoas têm as respostas para seu problema, com outra perspectiva, já que não estão presas à sua forma de pensar. O que deve ser feito ao chegar a um *impasse* é algo contraintuitivo; **você não precisa se concentrar cada vez com mais intensidade** e dedicar mais tempo a esse problema; deveria fazer algo completamente diferente nesses minutos, algo que seja de seu interesse, que ache divertido. É a melhor forma de estimular o surgimento de revelações. Além disso, o fato de se concentrar com mais intensidade no problema aumenta sua ansiedade.

Beeman observou que as pessoas que resolvem os problemas mediante *insights* têm maior atividade em uma região do cérebro conhecida como lobo temporal anterior direito, localizada logo abaixo do ouvido direito e, portanto, parte do hemisfério direito, o mais relacionado às conexões holísticas. Essa região reúne informações do cérebro que estão distantes. Isso me faz pensar nas gavetas distantes que se abrem e fecham, transbordando conceitos que se unem a um novo conceito no lobo temporal anterior direito. Outras observações mostram que, um segundo e meio antes de ter um *insight*, o cérebro parece estar muito tranquilo. Durante esse tempo, há um aumento repentino e prolongado de uma atividade elétrica que se chama *alfa*, em todo o lobo occipital direito, região que processa as informações visuais. Essa súbita atividade alfa desaparece exatamente no momento do *insight*. Seria possível pensar que o cérebro apaga, mediante essa atividade e pouco antes de solucionar o problema, tudo o que está relacionado com a entrada visual, isto é, com o funcionamento da visão, como uma forma de diminuir o ruído produzido pelo estímulo visual para que isso lhe permita encontrar uma solução. "Silêncio, estou pensando." Muitas vezes, quando estamos conversando com alguém, os olhos ficam perdidos, como se estivessem distraídos. O que o cérebro está fazendo é apagar um monte de *inputs* visuais para se concentrar nos sinais internos muito sutis que vão dar lugar ao *insight*. Aparentemente, se você não fizer isso, dificilmente o *insight* ocorrerá.

### Técnica do *brainstorming* solitário

Escreva em fichas uma ideia por ficha.

À medida que escreve, coloque as fichas de lado.

Escreva as ideias à medida que ocorrem, não importa se são boas, ruins, estranhas, exóticas ou uma mistura de coisas. Não importa se são lógicas ou se têm valor.

A chave é produzir a maior quantidade de ideias e não avaliar nenhuma até terminar de escrever todas as que puderem lhe ocorrer.

Ao terminar, pegue a pilha de fichas e comece a separá-las e a atribuir-lhes valor.

Como?

Combinando-as, associando livremente as ideias que escreveu para criar outras, imaginando como uma ideia poderia funcionar e alterando-a, tentando reverter a ideia e mudar para o oposto do que escreveu para ver se pode funcionar dessa forma, organizá-la, substituí-la por ideias parecidas, analisar cada uma delas por diferentes pontos de vista, desenhar ou fazer um diagrama da ideia, inventar ou criar uma metáfora para cada uma, forçar conexões entre duas ou mais ideias, imaginar qual seria a crítica a essa ideia, tentar modificá-la de acordo com essa crítica e, sobretudo, ir dormir e deixar que seu cérebro trabalhe sozinho.

No momento exato em que o *insight* ocorre, surgem ondas cerebrais chamadas *gama*. Isso ocorre 30 milissegundos antes que a resposta apareça em nossa consciência. Essas ondas são as mais rápidas do cérebro e representam um grupo de neurônios que disparam em uníssono, todas juntas. A frequência gama significa que regiões do cérebro começam a se comunicar umas com as outras. Fazendo uma relação com a teoria de Kandel, imagine as gavetas que se abrem e fecham em diferentes pontos do cérebro, conectando conceitos aparentemente não relacionados para formar uma ideia nova, um *insight.* As pessoas que meditam profundamente têm muitíssimas ondas gama; as que apresentam muita dificuldade de aprender têm poucas; e alguém inconsciente ou em coma não tem nenhuma. O *insight,* além disso, vem acompanhado de um impacto energético muito forte, que é possível ver no rosto, na voz ou na linguagem corporal da pessoa. Faz a pessoa sentir-se bem, quase eufórica. No entanto, essa energia liberada pelo *insight* tem uma vida muito curta, e é durante esse breve tempo de energia que as pessoas estão mais motivadas e com mais coragem de se comprometer a realizar certas ações. Quando esse coquetel de neuroquímicos desaparece, a motivação desaparece rapidamente. Após um *insight,* é necessário fazer, ativar, mover-se o mais rápido possível.

### Solte

Quando um macaco vê um jarro com nozes, ele coloca a mão e pega algumas. Mas a boca do jarro é tão estreita que ele não consegue tirar a mão cheia de nozes. O macaco não quer soltar as nozes e fica preso.

Nós, as pessoas, também ficamos presos com coisas que não queremos soltar: opiniões, preocupações, crenças, ansiedades.

## EXERCÍCIO PARA QUANDO OCORRER UM BLOQUEIO MENTAL

Imagine que isso que o bloqueia é representado fisicamente por algo que você usa: um gorro, um anel, uma echarpe, um casaco, um sapato.

Tire essa peça e se sentirá mais livre e relaxado.

Há uma relação muito estreita entre os estados emocionais e os *insights*. A **felicidade** aumenta a possibilidade de ter *insights*, enquanto a ansiedade a diminui. Quando alguém está ansioso, há uma atividade cerebral muito mais forte que dificulta a capacidade de receber sinais sutis. São os sinais (como acabamos de ver) que ocorrem logo antes do *insight*, quando o cérebro se tranquiliza.

Outros estudos mostram que **as pessoas que costumam ter mais revelações são as mais conscientes de suas experiências internas.** Podem observar seu próprio pensamento e assim mudar a forma como pensam. Essas pessoas têm mais controle sobre seus pensamentos e, graças a isso, podem acalmar a mente para permitir ter *insights*. **Toda técnica ou disciplina que permita que você se conheça mais, desenvolva sua inteligência emocional, torna você literalmente mais criativo, segundo a ciência.** Não é uma questão de focar ou concentrar-se mais no problema nem é necessário ser um gênio para conseguir isso.

Em resumo, é fácil ficar preso a um problema sem soluções, e isso a neurociência chama de *impasse*. Resolver um *impasse* requer deixar o cérebro pausado, reduzindo sua ativação, para que não surjam respostas incorretas. Ter *insights* ou revelações requer perceber sinais muito sutis e permitir que o cérebro faça conexões internas. Para isso, a mente deve estar o mais tranquila possível, com a quantidade mínima de energia elétrica. Por isso, as revelações ocorrem em geral quando se está mais relaxado ou contente. Assim, sempre que puder, tente tirar a pressão, estender o prazo, fazer algo divertido, reduzir a ansiedade, fazer uma pausa e realizar algo irrelevante. Freie um pouco a mente para ver se assim surgem conexões mais sutis. E se o *insight* ocorrer, concentre-se nele o mais rápido possível para que a energia não diminua.

### Técnica da palavra ao acaso

Escolha uma palavra ao acaso (há *sites* na internet que geram palavras aleatórias).

Desenhe o que essa palavra lhe sugere. Dessa maneira, você começa a usar o lado direito do cérebro.

Ao lado do desenho, escreva todas as características dessa palavra.

Ao lado do desenho, escreva todas as associações que a palavra lhe sugere.

Conecte as características e associações que você escreveu a seu desafio criativo.

Por exemplo:

Meu desafio: pensar em uma nova escova de dentes.

Minha palavra aleatória: cachorro.

Características do cachorro: peludo, nariz preto, quatro patas, balança o rabo, enterra ossos.

Associações com cachorro: carinho, lealdade, coragem, resgate.

Conexão característica, associação e meu desafio criativo: e se eu propuser uma escova de dentes que também tenha movimento, como um massageador de rosto (balança o rabo, é carinhoso)?

## Relaxamento

Você tem consumido informações demais, provavelmente por muitos minutos. Proponho que você pare de ler e tire um tempo para relaxar. Seu cérebro está realizando muitas atividades e na verdade merece um pequeno intervalo. Faça algumas respirações muito profundas e fique sentado ou deitado por cinco minutos. Deixe seus pensamentos fluírem sem controle. Caso se sinta confortável, feche os olhos.

O que aconteceu com sua mente quando você fez isso? Sem dúvida, você respirou profundamente, e o que a sua mente fez? Surgiram pensamentos? Com certeza, sim. Foram interessantes, úteis ou bons para você? Se não foram, não se preocupe. As revelações surgem nesse tipo de momento com mais frequência quando menos se espera.

Alguns pesquisadores chamam isso de atenção **desfocalizada**. Como já vimos, quanto menos intensa está a atividade da rede neural, mais neurônios diferentes podem ser ativados. Em outras palavras, se soltamos um pouco ou, o que dá na mesma, ampliamos a rede de pesca, podemos capturar muito mais peixes. Em vez de deixar a rede muito justa, nós a soltamos.

Os momentos de relaxamento não supõem necessariamente ficar em silêncio com olhos fechados e quietos. Muita gente os tem ao dirigir, enquanto se diverte com algo, ao conversar sobre algo não relacionado com essa ideia que busca, enquanto está caminhando, correndo, lavando a louça etc. Em muitas ocasiões ocorre na natureza, mas também quando está pintando, na praia ou procurando um livro. Algumas pessoas simplesmente se sentam e meditam. Já vimos que nesses momentos de iluminação mental surgem mais ideias que de costume. Os estudos indicam que relaxar ajuda a criatividade em pelo menos duas formas. Primeira, o relaxamento auxilia diretamente no processo criativo e, segunda, auxilia de maneira indireta baixando os níveis de estresse, que são um obstáculo.

As ondas cerebrais mais frequentes são as beta, associadas a momentos sem sonhos, quando se está acordado e consciente. Quando relaxamos, as regiões mais especializadas do cérebro começam a funcionar com menos atividade. Vimos que, quando isso acontece, surgem principalmente as ondas cerebrais chamadas alfa, que correspondem a níveis de baixa atividade do cérebro. Nesses estados alfa, nossas redes neurais dominantes não estão muito excitadas ou acesas. Nossa tendência é perder um pouco o foco, começamos a ficar menos concentrados e a fantasiar coisas. Muitas vezes ocorre antes de dormirmos, quando às vezes pensamos em coisas ridículas ou estranhas, nossa mente começa a viajar e imaginamos coisas.

Quando essas regiões bem especializadas do cérebro têm menos atividade, o cérebro, como um todo, começa a ficar mais ativo. Ou seja, ao baixar a intensidade de algumas redes neurais, permite maior atividade geral em todo o cérebro. Se abaixo o volume dos trompetes de uma orquestra, começarei a escutar melhor o restante dos instrumentos. No estado alfa, os neurônios se acendem e se ativam por todos os cantos do cérebro. Quando isso acontece, a nova atividade cerebral é dominada pelas ondas gama que estão, como já vimos, diretamente relacionadas ao surgimento dos *insights.*

Quando nossa orquestra se aquece antes de começar o *show*, todos os instrumentos tocam qualquer coisa ao mesmo tempo, produzindo uma espécie de caos musical. Essas seriam as ondas gama, que indicam, de modo caótico, alta energia no cérebro. Entretanto, as ondas gama também podem tocar sincronizadas, como se fossem uma alta energia sinfônica. Quando isso acontece, ocorrem altos níveis de processo de pensamento. Há cooperação e comunicação entre redes neurais muito distantes. O cérebro começa a integrar informações complexas para descobrir significados ou resolver problemas. Os monges budistas em estado de meditação apresentam altos níveis de sincronização de ondas gama no córtex associativo. As regiões do córtex associativo não são especializadas, ou seja, integram outras partes do cérebro. Em estados de relaxamento profundo, as partes especializadas do cérebro são silenciadas, e as não especializadas que integram as outras são potencializadas. É um bom momento para ocorrer uma revelação. Quanto mais relaxados, mais regiões do cérebro que não estavam conectadas começam a se conectar mais. Por isso, o relaxamento promove diretamente a criatividade porque permite o surgimento de mais revelações, que ocorrem quando associamos regiões distantes do cérebro.

Gavetas que ao longe se abrem e se fecham, permitindo que suas lembranças se associem livremente e de forma nova para gerar uma ideia nova.

Essencialmente, o estresse ocorre quando nossos mecanismos de sobrevivência estão muito ativos, e esses mecanismos muitas vezes incluem estar predispostos a fazer juízos de valor muito rápidos ou a dar respostas reativas. Sabemos que, para ser suficientemente flexíveis a fim de experimentar novas ideias, precisamos estar mais tranquilos e não reagir tão rápido.

Mais adiante veremos que emoções, como o estresse, dependem muitíssimo de uma parte pequena do cérebro que se chama amígdala. Entretanto, somente 5% de todos os estímulos sensoriais passam pela amígdala. Portanto, o cérebro muitas vezes gera reações emocionais com uma quantidade pequena ou limitada de informações. Essas emoções têm uma influência direta em nossos pensamentos. Quando reagimos a elas, e aos pensamentos associados a elas, podemos começar a perpetuar ou exagerar reações emocionais. Começamos a não negociar. Mantemos uma perspectiva estreita nas avaliações. Escapamos ou lutamos. Assim, torna-se benéfico permitir que nossa reação emocional inicial seja calma e serena, em vez de ser permanente. Para ter ideias criativas, faz muito bem relaxar.

Veremos com mais detalhes que, em condições de estresse, o corpo estimula a produção de um hormônio, o cortisol, que destrói células neurais do hipocampo. Essa região é muito importante para nossa capacidade de memória, mas também é essencial para adquirir novos conhecimentos, para ter vontade de explorar.

Em resumo, caminhar em silêncio, meditar, fazer uma oração ou praticar qualquer tipo de atividade relaxante não só nos beneficia na redução do estresse e em baixar o nível da reatividade emocional, mas também estimula os níveis de sincronicidade e atividades das regiões não especializadas do cérebro. Isso permite criar mais espaço na mente para estarmos mais predispostos a gerar ideias criativas ou revelações que venham de nosso inconsciente.

### Que onda?

As estrelas não podem ser vistas durante o dia porque sua luz é ofuscada pela do Sol. Da mesma maneira, muitas ideias não podem ser descobertas porque são como pequenas luzes ofuscadas pela atividade do cérebro.

Essa atividade é conhecida como ondas beta. São muito barulhentas, como o som que sua boca faz ao comer batatas fritas. As ondas alfa são mais profundas, vão mais devagar e fazem menos barulho que as beta. São as que são produzidas bem no momento dos *insights.*

As ondas alfa acalmam sua mente e, dessa maneira, você pode "ver" as soluções que já se encontram ali.

Quatro sugestões para promover as ondas alfa:

- Um ambiente tranquilo; pode ser um quarto ou um local externo.
- Utilizar alguma técnica mental específica. Há inúmeras técnicas de relaxamento mental. Se você já tem uma, perfeito. A ideia é que, depois de escolher uma técnica, você a pratique com frequência.
- Atitude passiva. Esvazie a mente. Quando os pensamentos vierem, deixe-os passar. Não fique preso a esses pensamentos; não os faça darem mais voltas.
- Posição confortável. Qualquer postura que permita estar com a coluna ereta por pelo menos 15 minutos sem pegar no sono.

## É possível

> A pessoa que diz que não é possível não deveria interromper a pessoa que está fazendo.
>
> Provérbio chinês

Muitas vezes sentimos que não podemos mudar. Já vimos que, em geral, reagimos a nossos desafios de maneira conhecida ou mediante respostas já utilizadas em circunstâncias parecidas. Pensamos de maneira reprodutiva. Quando temos a necessidade, a urgência de responder de modo diferente por causa de alguma circunstância em particular, temos muita dificuldade em pensar em alternativas. Isso acontece com todos nós. Temos esses bloqueios criativos e não encontramos uma forma nova de lidar com um problema ou de manifestar alguma ideia diferente, de buscar opções para levar uma vida diferente da que levamos hoje. Isso acontece com um escritor quando se senta para tentar escrever um romance e passa dias sem escrever uma linha sequer, sem qualquer inspiração. Mas também vemos à nossa volta pessoas que parecem ter uma forma de sempre encontrar alternativas ou de perceber as oportunidades de dar um novo contexto a sua vida e transformá-la para ter experiências melhores. O psiquiatra de Harvard Albert Rothenberg diz que a única caraterística em comum entre todas essas pessoas que parecem ser criativas na vida é a **vontade de ser**, a motivação para serem mais criativas ou diferentes. O processo criativo é um processo difícil e, como todo tipo de procedimento, tem seus obstáculos e também suas recompensas. O que aprendemos com as pessoas criativas ao longo da história é que, sem o **desejo** de participar, sem a motivação, a vontade de pensar diferente, de encontrar novas ideias, esse processo não pode nem ser iniciado. Minha sugestão é não começar se você não tem vontade de fazer; sem ela, não é possível pensar diferente. Muitos de nós consideramos a razão nossa ferramenta intelectual de mais confiança ou a mais valiosa. Ela nos fornece um mecanismo que nos faz acreditar que reduz a probabilidade de nos enganarmos e aumenta a qualidade de nossas decisões. Também tentamos usar essa habilidade da razão para gerar ideias que valham a pena e para discernir entre quais são boas e quais são ruins. Fazer algo depois de pensar racionalmente nos ajuda a diminuir nossas inseguranças. Até batizamos essa forma predominante de pensamento como "senso comum", dando-lhe, assim, um aspecto universal. Entretanto, o sentido comum que utilizamos para muitas de nossas decisões não é racional. Quando de repente dizemos a alguém: "O que você fez não tem sentido", pelo simples fato de não o compreender, isso não torna essa pessoa menos racional do que nós ou vice-versa. Portanto, nossos pensamentos não são dominados pela razão, mas, fundamentalmente, pelo reconhecimento de padrões, como vimos na primeira parte. Processamos informações novas nos impondo um significado com base em contextos ou significados que já assumimos antes. Além disso, muitas vezes tomamos decisões repentinas ou emitimos juízos de valor rápidos por uma espécie de regra automática de polegar para cima ou polegar para baixo, mais do que mediante uma análise lógica da situação.

Volto a ressaltar que nossos padrões de reconhecimento habituais nos permitem reagir com rapidez em nosso ambiente, mas a tendência a reforçar todas as suposições persistentes também limita nosso olhar sobre o mundo, o acesso a ideias novas ou a soluções diferentes.

Somos criaturas de hábitos e frequentemente nos falta o desejo ou a consciência de romper com esses hábitos de pensamento. Alguns cientistas dizem que temos cerca de 65 mil pensamentos por dia e que 95% são iguais aos de ontem e serão iguais aos de amanhã. Se refletirmos, é difícil experimentar comidas novas ou escolher um iogurte de uma fruta que nunca comemos. Então, imagine como seria mudar a cultura de uma empresa ou o procedimento de algo que fazemos há muito tempo. Nós nos sentimos seguros quando controlamos. O controle é necessário para conduzir ou para abrigar nossos filhos quando faz frio, mas também pode nos causar frustrações desnecessárias. Por exemplo, quando tendemos a querer controlar outras pessoas ou a forma de pensar delas. Ficamos irritados quando chegamos tarde a uma entrevista ou ao trabalho porque não podemos controlar o trânsito da mesma maneira como controlamos a música de nosso iPod. Nós nos sentimos incompletos se não temos o carro novo, a nova tecnologia, a nova casa, uma pessoa ao nosso lado de quem gostamos muito ou a roupa que está na moda. Até podemos entrar em ciclos de nos sentirmos muito estressados porque sentimos falta, e ficamos ansiosos também pela possibilidade de perder algumas de nossas coisas ou quando nos damos conta de que, ao obtê-las, tivemos pouca satisfação. Então, voltamos a querer ter mais ou versões mais raras do que já temos. Infelizmente, nossa tendência é tratar essas situações, o controle e o desejo pelo externo, como algo universal. O controle e a satisfação externa são apenas duas das diversas decisões que tomamos de maneira repentina, aplicando a regra do polegar para cima ou para baixo. Ou seja, enfrentamos todos os desafios que nos espreitam não porque nos faltem alternativas, mas porque fazemos isso sempre da mesma forma, por causa de nossos hábitos. Nossas percepções e nossos comportamentos habituais frequentemente conduzem nossa vida. Cada um de nós tem suas histórias sobre como as coisas são e como supostamente deveriam ser. Quando dizemos que uma ideia faz sentido para nós, não estamos fazendo uma análise objetiva; o que expressamos com clareza é que encontramos uma forma para essa ideia se acomodar a nossas histórias predominantes, isto é, a nossos hábitos. Quantas vezes algum de nós participou de reuniões de trabalho em que cada pessoa acredita que tem o argumento ou a percepção correta do motivo que os levou a essa reunião? Ao ter acesso a diferentes perspectivas, nos permitimos ver o mundo através de diferentes prismas e, dessa forma, abri-lo a diversas possibilidades. Quando os irmãos Wright pensaram que voar não era só para as aves, isso lhes permitiu criar o avião. Ao investigar as perspectivas novas, encontramos possibilidades que não fazem sentido para nós porque não estão relacionadas ou não se adequam a nossas velhas histórias. Às vezes, quando damos uma oportunidade a nossas novas ideias que nos são úteis, elas começam a fazer sentido para nós, como se nossas antigas histórias tivessem evoluído e se transformado em outra situação, e assim acabamos aprendendo algo novo.

De muitas maneiras diferentes, o processo criativo significa um aumento no grau de liberdade de nossa vida. Quanto mais estamos conscientes de nossas opiniões e das possibilidades que temos em cada decisão, menos restritos vamos nos sentir, tanto para sermos mais criativos em nossa carreira como para descobrir formas melhores de usar nosso tempo. Esse pensamento criativo torna nossa vida mais complexa e nos dá a capacidade de fazer mais do que desejamos, assim como pode simplificar nossa vida e nos ajudar a ser mais eficientes ou a perceber o extraordinário nas coisas comuns.

Muitas vezes ficamos presos a algum sucesso relativo que obtemos por nossos hábitos. Isso faz aumentar a vontade de não os deixar porque sentimos satisfação. Mas, como vimos, temos a capacidade de fazer e pensar as coisas de maneira diferente. A primeira condição para encontrar mais possibilidades é explorar alternativas que o mundo pode nos oferecer. Primeiro, deve-se acreditar que algo **diferente** é possível.

---

Suas suposições são suas janelas para o mundo. Lave-as de vez em quando, senão a luz deixará de entrar.

Alan Alda

---

### Técnica: Suposições reversas

Todo tema, disciplina ou desafio tem suas suposições. O que se diz, o que se sabe ou o que se acredita que deveria ser. Escreva todas as suposições relacionadas ao seu desafio criativo e depois dê outro enfoque para elas. O que surge a partir disso?

### Técnica: Perspectiva de outras profissões

Como um bailarino, cientista, bombeiro, tabelião, domador de leões etc. resolveria seu desafio criativo? Nós nos colocamos na pele do outro. Outros enfoques possibilitam o surgimento de novas ideias. Uma das maneiras mais surpreendentes e satisfatórias de cultivar outras perspectivas é com viagens. Afastar-se dos lugares onde passamos a maior parte de nosso tempo. Quando estamos fisicamente perto da raiz do desafio, nossos pensamentos ficam automaticamente mais limitados, apoiados em uma série finita de associações possíveis. Isso, que pode ser muito bom para nos ajudar a concentrar nos fatos, limita nossa imaginação.

## O ponto cego do especialista

> O ser humano pode viver sem ar por alguns minutos; sem água, por duas semanas; sem comida, por dois meses e sem nenhum pensamento novo durante anos, até o fim da vida.
>
> Kent Ruth

Alguns estudos sobre pensadores muito criativos nos mostram que todos têm uma característica em comum: certa habilidade para tolerar a ambiguidade, a dissonância, a inconsistência e as coisas que estão fora de lugar. Esses pensadores vão olhar o problema de diversas maneiras, vão tentar examinar diferentes variáveis buscando o inesperado muitas vezes.

Quanto mais cultos somos, mais cubos temos em nossa fôrma de gelo e mais especializados eles se tornam. Isso pode desenvolver uma imaginação mais limitada, se não a exercitamos. Muitas vezes, **as pessoas que sabem mais veem menos, e as que sabem menos veem mais.** Leonardo da Vinci nunca foi à universidade, sua mente de adulto parecia mais um jarro de água do que uma fôrma de gelo. Sua mente integrava informações em vez de segregá-las.

### Técnica: Profissões e ofícios

Faça uma lista de profissões e ofícios.

Diga três letras ao acaso. Por exemplo: "c" de carpinteiro, "b" de bombeiro e "m" de médico.

Escreva uma lista de atributos e características dessas três profissões. Pense com fluidez, sem se deter, anotando tudo o que surgir em sua mente, até se tiver pensamentos associados a essas profissões.

Misture tudo o que você escreveu, as características, os atributos e os pensamentos associados ao seu desafio criativo.

Sem dúvida aparecerão ideias completamente diferentes. Isso é conhecido como *blending*, a mescla de conceitos que aparentemente não estão relacionados e para os quais você tenta encontrar uma relação. Sua imaginação será mais flexível, fazendo múltiplas associações entre diferentes profissões ou ofícios e combinando-as de maneira aleatória em novas ideias relacionadas ao que você precisa, com seu desafio.

## *Impasse* pessoal

Em 2004, eu estava na Faculdade de Medicina de Harvard estudando a distrofia muscular de Duchenne, uma terrível doença genética muscular. Já fazia dois anos que eu havia chegado a Boston vindo da França, onde havia terminado meu doutorado e estava em um dilema. Havia obtido muitos resultados em dois anos de trabalho, mas não conseguia analisá-los para seguir com minha pesquisa. Estava em um grande *impasse* e ansioso demais. Apesar de meus conhecimentos sobre músculos, biologia molecular e bioquímica da doença, não conseguia entender os resultados que eu mesmo havia obtido com meus experimentos. Foi então que, paralisado, decidi fazer o que geralmente fazemos quando temos problemas no trabalho: consultar uma pessoa que sabe mais. Neste caso, meu chefe, o doutor Louis Kunkel. Lou, como o chamávamos, me abriu as portas de seu consultório, onde lhe mostrei, por quase três horas, meus resultados, muitos dados e informações. Foi Lou quem descobriu, em 1988, porque essa doença se desenvolve nas crianças; é uma autoridade no tema e um possível candidato ao Prêmio Nobel por essa descoberta. Lou era, e ainda é, talvez a pessoa mais apta a me ajudar. Passou essas horas comigo observando todos os meus resultados com muito empenho e propósito e me disse algo surpreendente:

— Olha, Estani, a verdade é que nem eu sei o que fazer com isso que você está me mostrando. Há muitas coisas que não entendo e não posso dizer como você deve prosseguir. Há algo que não se encaixa, mas não consigo descobrir o que é. Há algo que não consigo enxergar. — Decepcionado com suas palavras, não passaram 30 segundos, quando ele acrescentou. — Por que não pergunta essas coisas aos *faxineiros*?

Os *faxineiros* são as pessoas que limpam os prédios, as universidades, os hospitais e as escolas dos Estados Unidos quando os funcionários começam a ir embora. Chegam como um exército com baldes e esfregões, escovas, enceradeiras e aspiradores. Durante a noite, deixam o lugar à perfeição para que, na manhã seguinte, os pesquisadores e suas equipes possam voltar a trabalhar da melhor maneira possível.

— Lou, não o entendo. Como vou explicar a essas pessoas, que não conhecem esses temas, que não estudaram, algo tão complexo como o que estamos fazendo aqui, no laboratório? — perguntei então.

E ele, com meio sorriso, me perguntou:

— E por acaso eles não falam espanhol, como você? O espanhol não é a sua língua materna?

— Sim, sim, é verdade. A maioria é imigrante da Guatemala, de Honduras e de El Salvador e fala espanhol perfeitamente, como eu — respondi.

— Bom, explique para eles em sua língua, da maneira mais simples possível, e tenho certeza de que você vai conseguir quais são esses dilemas, esses problemas que você tem diante de seus resultados que não lhe permitem avançar. Preste atenção no que digo. Você veio me consultar porque sou seu chefe; faça isso e depois nos falamos.

Fui embora um pouco angustiado e sem entender esse conselho. Fazia 12 anos que estava trabalhando em biologia molecular e que estudava esses temas com cada vez mais profundidade. Agora precisava enfrentar, pela primeira vez, um público totalmente diferente, com uma **perspectiva** completamente distinta, e não sabia bem como fazer isso. Estava acostumado a dar aulas para biólogos, médicos, às vezes para empresários, na França ou nos Estados Unidos ou em minhas viagens rápidas para a Argentina.

Tinha certos preconceitos, reconheço, diante dessa tarefa que meu chefe solicitara, mas também me parecia ser divertida e um grande desafio para mim. Meus colegas pesquisadores latinos me incentivaram e quiseram participar mostrando também seus trabalhos. Comecei a ficar no trabalho até tarde para falar com os *faxineiros* e organizar um encontro no Hospital Infantil de Boston, um lugar incrível por onde passaram prêmios Nobel e onde muitas pessoas famosas e de sucesso palestraram. Por quatro semestres consecutivos eu vinha sendo escolhido como o melhor professor do Departamento de Ciências Biológicas de Harvard. Entretanto, naquela noite, os meus nervos estavam quase incontroláveis. Além disso, precisaria falar espanhol, sendo que fazia anos que só usava o inglês. Tudo isso era um desafio.

Às três da madrugada do dia D, os *faxineiros* fizeram uma pausa no trabalho e nos encontramos no auditório. Eram cerca de 25 pessoas que, de maneira muito emocionante, iam se sentando na sala que conheciam por limpá-la todas as noites, mas onde muitos nunca haviam sentado, deixando as escovas e todo seu material de trabalho na parte de trás do anfiteatro. Começou a sessão. Tentei explicar, da forma mais simples possível e com palavras não técnicas, o que estava acontecendo comigo e porque os havia convocado. Utilizei uma apresentação em PowerPoint: figuras, fotos e diagramas. Mostrava basicamente os resultados que havia obtido naqueles dois anos. No início, houve um silêncio muito respeitoso, até que alguns começaram a quebrar o gelo e a fazer perguntas, a maioria muito simples, porém interessantes, como para saber o que eu estava fazendo. Também senti olhares de orgulho para mim. Tive a sensação de ser mais latino, me sentia próximo e distante deles ao mesmo tempo. Até que chegou um momento em que uma senhora, que, pelo que me lembro, estava grávida e era de El Salvador, se levantou do lugar e me fez uma pergunta que me deu um clique na cabeça, permitiu-me ter um *insight*. Sem entrar em detalhes, não é o propósito deste livro, eu havia explicado e mostrado alguns diagramas. O surgimento de umas manchas escuras neles, segundo a técnica bioquímica que eu estava utilizando, significava que não havia a presença de algo que me interessava encontrar nas amostras de nossos pacientes. A senhora me fez uma pergunta interessante:

— Não entendo como o senhor me diz que, quando vê algo, essas manchas escuras, significa que não tem nada. Se o senhor está mostrando a mancha é porque essa mancha significa que há alguma coisa.

A frase dela me fez viajar para dois anos antes, quando eu havia começado meus experimentos, e me fez perguntar novamente a mim mesmo: “Eu não teria me enganado ao empregar os reagentes químicos e a tecnologia para desenvolver essa técnica?”. Com rapidez, pensei que esse erro poderia explicar a inconsistência dos resultados e, consequentemente, a incerteza que tinha para continuar minhas pesquisas (o que se conhece como “arrastar” um erro que alguém comete ao resolver uma equação matemática). A reunião com os *faxineiros* continuou mais um pouco, mas eu não podia deixar de pensar no que aquela senhora me havia questionado e, quando voltei ao laboratório, corri para revisar meus cadernos, meus reagentes e as coisas que havia preparado anos antes. Por isso, na ciência, é tão importante escrever e registrar tudo o que fazemos. Naquela mesma noite, repeti os experimentos de dois anos antes, agora prestando bastante atenção em como misturava os reagentes e os compostos químicos e como usava essa tecnologia. Duas ou três semanas depois, tudo começou a clarear. Na verdade, eu havia me enganado, e o olhar dessa pessoa alheia ao meio, não conhecedora, distante de minha disciplina, me permitiu ter essa revelação e entender o que estava acontecendo. Isso resultou na publicação de dois artigos científicos de impacto internacional.

Quando sabemos muito sobre o tema, quando temos muita experiência, quando entendemos a cultura de uma disciplina (no meu caso, a biologia molecular), de um país, de uma empresa, de uma família, dispomos de muitas certezas. E isso é bom. Entretanto, muitas vezes saber sobre algo anula nossa mente, não nos deixa enxergar além nem entender que existem possibilidades diferentes ou várias respostas a uma pergunta. Em geral, como mencionei, a experiência nos faz resolver os problemas que vamos encontrando no dia a dia, assim como os resolvemos no passado, e um **olhar** de fora ou um olhar não especializado, um olhar de outra disciplina, com outra perspectiva, nos permite encontrar outra possibilidade de solução para o problema que enfrentamos.

### Técnica: O muito diferente

Às vezes, as ideias mais interessantes ou férteis aparecem de elementos formados pelas temáticas mais diferentes ou até opostas às que estamos abordando em nosso desafio criativo.

Por exemplo, se estou trabalhando como organizador de eventos e meu desafio é "como tornar as festas de jovens mais divertidas", posso fazer uma lista de atributos e características relacionados a uma comunidade eclesiástica.

À medida que faz a lista dos atributos e das características das comunidades eclesiásticas, surgem na sua mente associações muito interessantes e divertidas que você pode adaptar ao seu desafio criativo.

### Teste criativo [adaptado do *blog* de Josh Linkner]

Responda às perguntas a seguir da maneira mais honesta possível. Cada uma oferece respostas em uma escala de 1 a 5, onde 5 representa "concordo muito" e 1 representa "discordo muito". Enquanto você escolhe sua resposta, anote o número no quadro de resultados ao final da lista de perguntas.

1. Levo a criatividade comigo para todos os lados (reuniões, palestras, interações com outras pessoas). Minha criatividade é verdadeiramente uma parte de quem eu sou.

| 1 | 2 | 3 | 4 | 5 |
|---|---|---|---|---|

2. Antes de começar um projeto que necessite de criatividade, sempre está bem claro qual é meu desafio criativo.

| 1 | 2 | 3 | 4 | 5 |
|---|---|---|---|---|

3. Eu me sinto confortável em compartilhar minha opinião e correr certos riscos no trabalho ou nos estudos.

| 1 | 2 | 3 | 4 | 5 |
|---|---|---|---|---|

4. Raramente fico sem recursos criativos. Tenho muitos recursos para me inspirar e ao meu alcance.

| 1 | 2 | 3 | 4 | 5 |
|---|---|---|---|---|

5. Tenho ideias muito diferentes das do restante de meus colegas ou meus companheiros.

| 1 | 2 | 3 | 4 | 5 |
|---|---|---|---|---|

6. Se trabalho em equipe, geralmente a melhor ideia ganha, não a ideia da pessoa que "conhece melhor o tema".

| 1 | 2 | 3 | 4 | 5 |
|---|---|---|---|---|

7. Sinto que tenho muita criatividade dentro de mim.

| 1 | 2 | 3 | 4 | 5 |
|---|---|---|---|---|

8. Coloco à prova e questiono regularmente o estado das coisas.

| 1 | 2 | 3 | 4 | 5 |
|---|---|---|---|---|

9. Faço exercícios mentais de aquecimento rotineiramente para me preparar melhor diante de meus desafios criativos.

| 1 | 2 | 3 | 4 | 5 |
|---|---|---|---|---|

10. Começo rápida e facilmente a trabalhar quando tenho algum desafio criativo diante de mim.

| 1 | 2 | 3 | 4 | 5 |
|---|---|---|---|---|

11. Realizo tempestade de ideias (*brainstorming*) de maneira frequente, divertida, centrada nos objetivos e produtiva.

| 1 | 2 | 3 | 4 | 5 |
|---|---|---|---|---|

12. Tenho um sistema para selecionar as melhores ideias das que não são tão boas.

| 1 | 2 | 3 | 4 | 5 |
|---|---|---|---|---|

13. Onde trabalho pedem que sejamos criativos, qualquer que seja a tarefa.

| 1 | 2 | 3 | 4 | 5 |
|---|---|---|---|---|

14. Faço perguntas a mim mesmo sobre por que algumas coisas não existem hoje em dia.

| 1 | 2 | 3 | 4 | 5 |
|---|---|---|---|---|

15. Quando trabalho em ideias novas, abandono meu ambiente cotidiano e encontro um novo que me permita criar.

| 1 | 2 | 3 | 4 | 5 |
|---|---|---|---|---|

16. Sinto-me suficientemente confiante para enfrentar qualquer desafio criativo, grande ou pequeno.

| 1 | 2 | 3 | 4 | 5 |
|---|---|---|---|---|

17. Quando trabalho só ou em equipe para desenvolver ideias novas, uso técnicas distintas que aproveitam meu potencial criativo.

| 1 | 2 | 3 | 4 | 5 |
|---|---|---|---|---|

18. Sei como medir a criatividade de minhas ideias.

| 1 | 2 | 3 | 4 | 5 |
|---|---|---|---|---|

19. Onde trabalho ou estudo a criatividade é premiada e valorizada.

| 1 | 2 | 3 | 4 | 5 |
|---|---|---|---|---|

20. É raro aceitar as coisas como elas são e costumo questionar a autoridade.

| 1 | 2 | 3 | 4 | 5 |
|---|---|---|---|---|

21. Enquanto crio coisas novas, raramente as modifico ou as transformo no processo.

| 1 | 2 | 3 | 4 | 5 |
|---|---|---|---|---|

22. Conheço muitas técnicas para ser mais criativo.

| 1 | 2 | 3 | 4 | 5 |
|---|---|---|---|---|

23. Tenho muita imaginação e muitas ideias "loucas".

| 1 | 2 | 3 | 4 | 5 |
|---|---|---|---|---|

24. Depois que tenho uma boa ideia, costumo testá-la antes de comentar com alguém.

| 1 | 2 | 3 | 4 | 5 |
|---|---|---|---|---|

25. A criatividade, a originalidade e a imaginação são algumas de minhas prioridades pessoais e profissionais.

| 1 | 2 | 3 | 4 | 5 |
|---|---|---|---|---|

26. Sou altamente consciente de meu entorno e do que me rodeia.

| 1 | 2 | 3 | 4 | 5 |
|---|---|---|---|---|

27. Eu me sinto confortável ao correr riscos e contribuir com minhas ideias mais inovadoras, sem medo de me envergonhar.

| 1 | 2 | 3 | 4 | 5 |
|---|---|---|---|---|

28. Costumo usar metáforas e analogias.

| 1 | 2 | 3 | 4 | 5 |
|---|---|---|---|---|

29. Tenho um bom sistema para gerar ideias novas para qualquer tipo de desafio que me é apresentado.

| 1 | 2 | 3 | 4 | 5 |
|---|---|---|---|---|

30. Ao criar boas ideias, costumo saber o que fazer para realizá-las.

| 1 | 2 | 3 | 4 | 5 |
|---|---|---|---|---|

## PONTUAÇÃO

**Passo 1:** Escreva a resposta de cada pergunta à direita do número correspondente no gráfico.

| | A | | B | | C | | D | | E | | F |
|---|---|---|---|---|---|---|---|---|---|---|---|
| 1 | | 2 | | 3 | | 4 | | 5 | | 6 | |
| 7 | | 8 | | 9 | | 10 | | 11 | | 12 | |
| 13 | | 14 | | 15 | | 16 | | 17 | | 18 | |
| 19 | | 20 | | 21 | | 22 | | 23 | | 24 | |
| 25 | | 26 | | 27 | | 28 | | 29 | | 30 | |
| Total | | Total | | Total | | Total | | Total | | Total | |
| | | | | | | | | | | | |
| | | | | Pontuação total | | | | | | | |

**Passo 2:** Total de cada coluna. Isso dará uma pontuação para as colunas A, B, C, D, E e F.

**Passo 3:** Some o total de suas pontuações de cada uma das cinco colunas para ter uma pontuação total de criatividade.

## OS RESULTADOS

Começando pela pontuação total da base da criatividade, vejamos o que os resultados obtidos indicam:

**130-150:** Você está em uma posição melhor que a maioria. Essa pontuação coloca você entre os 10% das pessoas (e organizações) mais criativas. Está conectado à sua parte criativa e em uma organização que a apoia. Essa pontuação também significa que você está bem posicionado para continuar o crescimento de sua capacidade criativa e está no caminho de atingir seu potencial máximo.

**110-129:** Definitivamente, não está ruim, mas ainda precisa melhorar bastante. Essa pontuação indica que você está fazendo muitas coisas bem, mas que também tem barreiras significativas que se interpõem no caminho de sua criatividade. Talvez você esteja em uma organização que está inibindo você e fazendo que fique para trás. Essa pontuação deveria ser um alerta sobre o potencial que você tem, mas que não está usando de maneira efetiva.

**85-109:** Infelizmente, você está na mesma situação que quase 60% da população. É provável que você tenha habilidades criativas importantes, mas que estão sendo restringidas significativamente na maior parte do tempo, e que se sinta frustrado com a burocracia dentro de alguma organização ou que tenha muitas crenças que limitem sua vontade de expressar suas habilidades criativas. Você deve dizer a si mesmo coisas do tipo: "Não sou criativo" ou "Não posso compartilhar ideias porque as pessoas vão rir de mim".

Os músculos de sua criatividade precisam ser desenvolvidos e exercitados. A boa notícia é que você verificará um crescimento importante quando começar a trabalhar nisso.

**84 ou menos:** Você está na zona de perigo da criatividade. Essa pontuação deveria servir como um chamado para despertar; deveria ser um sinal de que algo deve mudar, ou você terá problemas no futuro. Você é uma alma criativa perdida e precisa reconectar-se imediatamente com sua imaginação. Talvez o trabalho ou suas rotinas estejam freando você. Embora essa informação possa lhe soar alarmante, não se sinta desmotivado.

Lembre-se de que essa pontuação é um indicador de onde você está hoje comparado ao seu potencial. É um reflexo desse potencial. A pontuação diz apenas onde você está parado e serve como ponto de partida para o caminho rumo à criatividade.

Agora, temos as outras pontuações. As pontuações de cada coluna, de A a F, indicam áreas específicas em que hoje você apresenta forças ou fraquezas. Cada uma das colunas tem 25 pontos como pontuação máxima. Essa pontuação é interpretada assim:

22-25: Excelente

19-21: Acima da média

17-18: Média

16 ou menos: Abaixo da média.

A pontuação de cada coluna representa um elemento diferente de sua capacidade criativa.

Coluna A: corresponde a características gerais acerca de suas intenções em relação à criatividade.

Coluna B: indica como você está em termos de curiosidade e atenção.

Coluna C: mostra o quanto você prepara bem seu entorno e sua mente para deixar fluir as melhores ideias.

Coluna D: indica sua habilidade para encontrar ideias criativas e inspiração em muitas áreas diferentes da vida. Mescla de conceitos.

Coluna E: aponta o quanto você é capaz de gerar uma ampla quantidade de ideias de alta qualidade quando necessário.

Coluna F: mostra o quanto você está preparado para escolher as melhores ideias e colocar a criatividade em ação.

Lembre-se de que essas pontuações dão uma ideia aproximada de onde você está hoje e em que áreas você precisa se concentrar mais para crescer.

CAPÍTULO 4

# OS SENTIDOS

## Percebo que você me sente

Um dos pilares da criatividade é o estímulo dos sentidos. Não podemos ativar e desenvolver nossa criatividade sem antes estarmos abertos e dispostos a perceber qualquer coisa como se fosse a primeira vez. Fugir dos estereótipos com uma percepção renovada é o que permite desenvolver nossa mais extensa geração de ideias novas.

A percepção é o processo mediante o qual o cérebro experimenta o mundo exterior utilizando nossos sentidos, responsáveis por reunir informações provenientes do ambiente. Essas informações são conhecidas como estímulos. Usamos a visão, a audição, o tato, o olfato e o paladar para entender o mundo. Todos os estímulos são aproveitados pelo cérebro para formular ideias e opiniões, avaliar situações, gerar reações para depois guardar o aprendizado na memória.

Durante muitos anos, a percepção foi considerada um processo passivo, porém, há cada vez mais evidências científicas de que a percepção não registra nem grava, mas constrói a realidade. Essa construção depende do observador dessa realidade, a percepção da pessoa ocorre em função de suas suposições. Ou seja, experimentamos aspectos diferentes das coisas, e cada percepção é um pouco diferenciada.

Vamos pensar nas Cataratas do Iguaçu. Algumas pessoas diriam: "Que coisa incrível Deus fez na Terra construindo essa cachoeira tão impressionante". A percepção de outras seria: "A natureza fez essa coisa magnífica". Um entusiasta dos esportes aquáticos poderia dizer: "Fazer *rafting* aqui seria um belo desafio". Alguém que estudou hotelaria comentaria: "Que lugar incrível para construir um hotel ou restaurante". Um aficionado por geografia pensaria nelas como o lugar ideal para estudar sua disciplina preferida. Um pintor observaria: "Que lugar belo para me inspirar a pintar". Um geólogo talvez quisesse ver as grutas que existem por baixo das quedas-d'água.

Uma frase muito famosa de Pablo Picasso surgiu durante o encontro com um desconhecido que estava observando os quadros do pintor expostos em um museu de Paris. O homem aproximou-se e disse: "Por que você não pinta as pessoas como elas são?". E Picasso perguntou-lhe: "E como elas são?". Então, o desconhecido tirou a foto da esposa da carteira e mostrou-a ao pintor. Picasso olhou para ela e disse: "Parece incrivelmente pequena, não? Além disso, reta". Certamente se referia à foto, não à mulher. Devemos aceitar que aquilo que nos parece real é influenciado por nossas percepções.

Toda informação que chega ao cérebro por meio dos sentidos tem uma grande influência em nossos pensamentos, em nossas emoções, em nossa **personalidade** e, consequentemente, em nossa criatividade. Há neurônios especializados que se encarregam de reagir diante de diferentes mudanças no ambiente ou de estímulos. A percepção seria a interpretação do que o estímulo significa para nós. Por exemplo, ao ouvir música, consigo observar que o volume está muito alto ou que se trata de uma de minhas músicas preferidas. Mesmo que pareça estranho, o cérebro processa a grande maioria dos estímulos recebidos do exterior de maneira não consciente. Nossos cinco sentidos captam cerca de 11 milhões de *bits* de informações por segundo, a maior parte por meio da visão, mas o consciente consegue processar, no máximo, 40 *bits* por segundo.

À medida que coleta informações do exterior, o cérebro acostuma-se a padrões de percepção análogos aos padrões dominantes de pensamento que já vimos. Quando alguém vê um cão de uma raça específica pela primeira vez, o cérebro processa sua forma, seu tamanho, seu tipo de pelo, seu timbre de latido, seu cheiro, sua cor, sua textura, sua altura, corpulência e muitos outros detalhes. Nesse momento, o cérebro chega à conclusão de que está vendo determinada raça de cães. Ao encontrar essa raça com mais frequência, o cérebro conectará muito mais rapidamente, compreendendo o que vê quase imediatamente. Ou seja, o cérebro começará a categorizar todas as novas imagens mentais de acordo com o que viu e experimentou antes. Isso é o que o doutor Walter Lippmann chamou de *estereótipos*, cruciais para a compreensão e a sobrevivência do dia a dia. Imagine o que seria se, a cada momento do dia, precisássemos fazer uma análise constante de todo o volume de informações e dos detalhes sensoriais que nos rodeiam.

Cada pessoa filtra o que acontece no mundo de forma particular e pode transformar uma rua da cidade em uma sinfonia de luzes e sons ou em um depósito de lixo. Dessa forma, muitas vezes o cérebro simplifica a percepção para poder passar o dia de maneira mais eficiente. Os estereótipos nos antecipam ações e reações e nos preparam para minimizar ou maximizar o prazer. O estereótipo do grunhido e latido de um cão dirá ao cérebro se isso se trata de uma ameaça ou não. Como Lippmann dizia: "Não vemos primeiro e definimos depois", mas "definimos primeiro e vemos depois".

## Nem a imaginação se salva

Se alguém lhe pedir para imaginar um pôr do sol em Plutão e, em seguida, para que desenhe o que imaginou, provavelmente esse desenho será parecido com um crepúsculo na Terra. Talvez você mude algumas cores ou estruturas do planeta. Você pode usar a imaginação com liberdade para construir o que quiser, mas sem dúvida pensará em algo parecido com o que já conhece sobre pôr do sol. Esse fenômeno é chamado de **imaginação** estruturada. Ou seja, mesmo que estejamos utilizando nossa imaginação para desenvolver ideias novas, estas serão fortemente estruturadas de maneira bastante previsível, de acordo com conceitos, categorias e estereótipos que já existem em nossa mente. Isso acontece tanto com artistas como com inventores, escritores, *designers*, empresários ou qualquer pessoa que esteja imaginando algo.

**Precisamos desestruturar nossa imaginação para explorar o que está fora dos limites dos conceitos que já temos incorporados em categorias diferentes. Mesclar cubos de gelo e derretê-los juntos.** Fazer isso implica visitar temas e conceitos não relacionados ao desafio, o que, no primeiro capítulo, chamamos de mescla de conceitos. Muitas vezes parece prejudicial ou distante do desafio real. Com o tempo e a prática, percebe-se que acaba sendo uma forma muito boa e criativa de resolver nossos desafios. **O ideal é permitir-se pensar no impensável. Porém, nossa mente é basicamente intolerante à ambiguidade. Sua primeira função é reduzir a complexidade de suas experiências.**

Quando a mente é forçada a concentrar-se em determinado objeto ou tema, depois de um tempo fica entediada e começa a explorar outras opções para apreendê-lo; por exemplo, decompondo o objeto ou tema em partes diferentes e depois explorando se aparecerem algumas interessantes. Ao ouvir uma aula, com o tempo perdemos o interesse. A atenção começa a ser fixada nas partes, como na roupa do professor, como ele se move, com que mão escreve no quadro. É comum encontrar algo que nos interesse nessa divisão, como o sorriso ou o tom de voz. Com o processo de pensamento parece ocorrer a mesma coisa. Ao pensar em uma ideia, não importa o quanto seja absurda ou tola, a mente começa a dividi-la em partes diferentes, buscando as interessantes para construir, com base nelas, ideias novas que estejam relacionadas a seu desafio. Como vimos, a princípio isso ocorre sob os umbrais da consciência, mas depois de um tempo começa a penetrar na consciência em forma de novas revelações. Essa imaginação desestruturada nos permite ser ousados para imaginar transformar o impossível em possível.

Pense em algo que você considera impossível e depois tente encontrar ideias para aproximá-lo de algo possível.

Por exemplo, imagine que seu celular tenha vida, que respire como um ser vivo. Enumere os atributos dos seres vivos (nascem, se reproduzem, crescem, sentem etc.). A partir desses atributos, talvez você possa projetar seu celular de uma forma diferente (que saiba reconhecer quando você se sente mal, que expresse emoções quando esteja nublado etc.).

Forçar sua imaginação a tentar tornar o impossível possível com pensamentos e ações concretos é como os sonhos funcionando ao contrário. Enquanto um sonho representa ideias abstratas em imagens e ações muito concretas, o processo criativo trabalha da forma oposta: utiliza ideias concretas (por exemplo, um celular que está vivo) para tentar obter revelações e, dessa maneira, redescobrir novos pensamentos ou novas ideias (como poderia ser um celular que demonstre emoções).

### Preparar, apontar... imaginar!

Quando nossa mente compara um problema (seu desafio criativo) a algo incomum, cria-se uma espécie de necessidade de que essa comparação faça sentido. Formamos novas relações e conexões que podem nos levar a ter uma ideia futurista, diferente e criativa.

Outras perguntas que estimulam a imaginação:

E se você pudesse comer nozes no café da manhã? E se os genitais ficassem expostos? E se, à medida que crescesse, você ficasse mais bonito e inteligente? O que aconteceria se, nos conflitos entre diferentes países, ganhasse aquele que mais fizesse o seu povo rir? E se dormíssemos 23 horas por dia e ficássemos uma hora acordados? E se as árvores começassem a produzir petróleo em grandes quantidades? E se você mudasse de gênero? E se os humanos nunca morressem? Como isso afetaria a nós, nossos negócios, nossa religião etc.? E se os olhos ficassem na nuca? O que aconteceria se cada trabalhador adotasse uma pessoa da rua e cuidasse dela pelo resto da vida? Que animal se parece com meu problema? Por quê? De que forma meu problema pode ser como uma lanterna sem pilhas? Se meu problema fosse o gramado de um jardim, quem seria a erva daninha? De que maneira uma lata de refrigerante quase sem gás e que ficou duas horas ao sol poderia ser a solução de meu problema?

Você pode usar as respostas para relacioná-las a seu desafio criativo ou simplesmente usá-las como exercício de aquecimento da mente.

Quando os neurônios ficam expostos repetidamente a um estímulo específico, aprendemos com essas experiências. Estas começam a se alojar em áreas concretas do cérebro, de onde podemos processá-las automaticamente sem um esforço cognitivo importante. Uma criança reconhece a voz da mãe entre outras muitas vozes, um músico consegue escutar e discernir os diferentes instrumentos de uma sinfonia, um cão sabe reconhecer rapidamente que o som da coleira significa que ele vai passear. Ao contrário, **as novas experiências agregam conexões neurais**, constroem-se outros padrões sinápticos e refinam nosso modo de perceber o mundo. Como se tentasse treinar um músculo, **toda nova informação e novas experiências mantêm o cérebro em boa forma.**

---

Ao fazer algo pela primeira vez na vida, você está desenvolvendo seu cérebro, agregando conexões.

---

Em resumo, a percepção é a função mental que nos permite, mediante os sentidos, receber, elaborar e interpretar as informações provenientes de seu entorno.

### *Alguns exercícios clássicos para desenvolver ainda mais nossa percepção*

Faça cálculos. Por exemplo, calcule tempos: quanto tempo você vai demorar para ir de um lugar a outro? Quanto tempo terá de esperar na fila do banco ou do cinema? Calcule tamanhos: qual é a altura, comprimento e largura das coisas? Quantos objetos cabem em uma bolsa ou em uma caixa? Calcule volumes: quanto cabe em uma garrafa ou outro recipiente? Quanto cabe em uma caixa? Calcule distâncias: o quanto um lugar está longe de outro? Quanto falta para chegar a um destino? Qual é a distância até a esquina ou até o semáforo? Calcule pesos: quanto pesa uma fruta ou uma bolsa cheia de limões? Quanto pesa uma bolsa ou uma caixa? Tente adivinhar como outra pessoa vai agir diante de determinada situação e compare o que você pensou que aconteceria com o que aconteceu na realidade.

**Sua imaginação e sua criatividade também melhoram quando o cérebro reage a novas percepções, principalmente se você procura experimentar o mundo de novas formas.** Vá a lugares onde nunca foi, onde seus sentidos sentem cheiros, ouvem e veem coisas que jamais experimentaram. Explore toda a arte de um museu. Escute música complexa e deixe sua mente interpretar os padrões. Desfrutar da música estimula muitas seções do cérebro e apresenta oportunidades de criar novas conexões neurais. Algumas pesquisas do neurologista Richard Restak sugerem que escutar Mozart alguns minutos por dia pode impulsionar seu conhecimento em muitos níveis, desde percepções simples até pensamentos mais profundos.

## De olho no dado

Henri Matisse dizia: "Ver é uma operação criativa do cérebro e requer esforço". E isso estava à frente de seu tempo. Hoje se sabe que a experiência visual não é passiva, mas é algo que se desenvolve analisando-se diferentes fluxos de informações que incluem cor, movimentos, formas externas etc. Cada um desses aspectos é processado de maneira separada e simultânea, e depois é agrupado para ser sintetizado em diferentes partes do cérebro. O que vemos é o produto final de uma linha de montagem longa e complexa. Esse processo de construção começa quando a informação captada pelos olhos, a matéria-prima, é enviada para a parte de trás do cérebro e dali se divide em dois caminhos que vão para diferentes áreas, onde se processará a cor, o tamanho, a forma etc. Por fim, todos esses elementos voltarão a se juntar para se transformar na imagem "final", a que faz sentido para nós.

Pelo menos um quarto do cérebro está envolvido no processo da visão, muito mais do que em qualquer outro sentido. Além disso, 70% de todos os receptores dos sentidos do corpo estão nos olhos. Ou seja, basicamente **entendemos o mundo que nos cerca ao olhar para ele.** Em um experimento muito famoso da Universidade de Bordeaux, foram acrescentados corantes vermelhos sem sabor nem cheiro a um vinho branco, e tanto o olfato como o paladar de *sommeliers* especialistas foram enganados pela cor do vinho, que foi descrito pelos provadores com um vocabulário apropriado para vinhos tintos. Outro experimento mostra o poder da visão sobre os outros sentidos: mediante tecnologia de ressonância magnética nuclear observa-se que, ao assistir um vídeo sem som de pessoas conversando, se acendem áreas do cérebro responsáveis pela audição, mas, ao vermos uma pessoa fazendo mímica, essas áreas ficam inativas. Claramente, o estímulo visual influencia o auditivo, mesmo que não haja som.

Como mencionamos antes, a visão não ocorre nos olhos, mas no cérebro. Os olhos captam a luz e focam, mas o cérebro dá sentido à cor, à forma, às expressões faciais. Por isso conseguimos nos lembrar de cenas com realismo depois de meses ou anos, podemos "ver" algumas coisas imaginadas ou ter sonhos bem nítidos. Já ouvimos muitas vezes que uma imagem vale mais que mil palavras; isso acontece porque as imagens e o texto seguem regras diferentes dentro do cérebro.

Algumas experiências mostram que as pessoas conseguem se lembrar de mais de 2.500 imagens com mais de 90% de eficácia vários dias depois de vê-las, mesmo que os participantes só tenham visto a foto por dez segundos. Um ano depois, a lembrança dessas imagens é de 63%. Comparadas a textos e apresentações orais, as imagens são as supercampeãs da lembrança. Após 10 dias, lembramo-nos de apenas 10% de uma apresentação oral, mas a média aumenta para 65% quando acrescentamos uma imagem. Está amplamente comprovado que o aprendizado **multissensorial** é muito mais eficiente que quando usamos apenas um sentido. Com o texto, acaba sendo ainda pior do que com as apresentações orais, e isso se deve ao fato de que o cérebro vê as palavras escritas como uma multidão de pequenas imagens; ou seja, em vez de palavras, vemos obras de arte minúsculas com centenas de formas. Isso significa que, para a parte mais evoluída do cérebro, o córtex, as palavras não existem, são imagens. Provavelmente isso acontece porque nossa história evolutiva foi dominada por folhas de árvores e leopardos famintos, não por letras estilo *times new roman.*

No momento em que adquirimos a postura ereta, a visão se tornou nosso sentido central. Dessa forma, poderíamos esquadrinhar o que estava a nosso redor com mais eficiência: os predadores, os movimentos, a comida, as fontes de água, as oportunidades de reprodução etc. Quando falamos de evolução, os bebês são as melhores cobaias para entender como somos. Se amarrarmos uma fita com um sino na perna de um bebê com menos de um ano, veremos que, inicialmente, ele parece se movimentar a esmo, mas logo aprenderá que o sino toca quando balança essa perna e começará a movê-la mais do que a outra. Se tirarmos o sino da fita e o deixarmos ao lado, o bebê continuará batendo essa perna, cada vez com mais força e frequência, mesmo sem som. Sem sucesso, olhará para o sino ao lado da perna. Esse comportamento visual do bebê nos diz que ele está prestando atenção ao problema. Hoje a tecnologia nos permite medir seu estado de atenção. Isso nos ensina que desde pequenos começamos a aprender as relações de causa e efeito. Mesmo que sejamos ensinados a olhar para certas coisas, os bebês já vêm com um *software* dedicado ao processo visual carregado em seu cérebro. Esse *software* prefere padrões com muito contraste, já que nos permitem perceber, por exemplo, que objetos que se movem juntos fazem parte da mesma coisa, como as listras pretas e brancas de uma zebra. Desde pequenos, conseguimos diferenciar os rostos humanos dos não humanos, preferindo, obviamente, os primeiros. Conseguimos entender o tamanho em relação à distância. Quando um objeto se aproxima, fica maior, porém é o mesmo objeto. Isto é, nossa predominância por um comportamento fundamentalmente visual começa desde muito cedo. Quando perguntamos a pessoas de 70 anos de que coisas se lembram, a maioria se refere a lembranças de quando tinham 15 a 30 anos. Por isso se acredita que o pico da memória visual ocorre nessas idades. É provável que isso ocorra por se tratar de uma época muito dinâmica de nossa vida. Por fim, existem muitas experiências que servem para entendermos a influência de nosso olhar sobre o que consideramos mais belo nas decisões que tomamos. Por exemplo, alguns estudos comprovam que os criminosos mais bonitos recebem penas mais curtas. Os bebês mais bonitos são tratados com mais atenção nos centros de assistência. As pessoas mais atraentes obtêm trabalhos melhores tendo o mesmo currículo.

O neurologista Richard Restak propõe algumas ideias para expandir, por meio da visão, as redes sensoriais do cérebro e desenvolver o poder da criatividade e da memória. Sua ideia mais conhecida é a da árvore bonsai.

### Técnica do bonsai

Plante um bonsai no solo e observe-o de cima, tentando memorizar a forma e os padrões de cada um de seus ramos. Feche os olhos e volte a "observá-los" usando a memória. Abra os olhos e verifique o quanto acertou. Repita o exercício com o bonsai na altura de seus olhos, mas agora se aproxime e conte a quantidade exata de ramos. Conte o número exato de folhas em cada ramo. Feche os olhos e recrie a imagem em sua mente. Concentre os pensamentos em imagens, não em palavras. À medida que você melhora sua capacidade de "ver" os detalhes do bonsai, com os olhos abertos ou fechados, está fortalecendo as redes neurais implícitas na percepção.

Está na hora de deixar o livro de lado, fechar os olhos, deitar-se no chão e deixar a imaginação voar. Ao fechar os olhos, você apaga grande parte de seu cérebro dedicada ao estímulo visual, o que lhe permite acender e conectar outras regiões. Concentre-se na respiração, na imagem de um lugar agradável (eu imagino uma montanha com muita neve e um sol ameno) ou em um som. Você sentirá os mais diversos pensamentos invadirem sua consciência. Não lute contra eles; deixe que venham e vão. Você pode imaginar uma estrada por onde os pensamentos chegam e vão embora. Com a prática, talvez você consiga deixar essa estrada vazia. Alguns conseguem depois de duas ou três vezes, alguns só depois de muitas tentativas, enquanto outros nem conseguem. Garanto por experiência própria e com respaldo dos estudos científicos que, quando isso acontecer, aos poucos você começará a ter ideias mais criativas. Especialistas recomendam praticar esse exercício duas vezes por dia, 20 minutos por vez. Caso tenha muito interesse nesses temas, convido-o a se informar sobre a meditação transcendental ou a ler o livro *Em águas profundas*, de David Lynch.

## VERDE QUE TE QUERO VERDE

Certos estudos mostram que o simples fato de colocar flores e plantas no escritório aumenta em até 15% as ideias geradas pelos empregados. Substituí-las por papel de parede com fotos da natureza não surte o mesmo efeito que as plantas de verdade. Os pesquisadores também descobriram que as crianças que se divertem em um pátio de recreio com vegetação participam de brincadeiras muito mais criativas do que quando brincam em pátios de cimento. A recuperação de pacientes nos hospitais aumenta significativamente quando eles conseguem ver árvores pelas janelas do quarto. Os presidiários que têm celas com janelas que dão para um campo ou bosque apresentam menos problemas médicos que outros presos.

Solicitou-se a um grupo de pessoas que resolvesse certos anagramas. A metade dessas pessoas tinha o nome escrito no canto superior direito da folha com tinta vermelha, e a outra metade, com tinta verde. Pediram que os participantes confirmassem que seu nome estava escrito corretamente. Desse modo, garantiam que veriam a cor vermelha ou a cor verde antes de resolver os anagramas. As pessoas expostas à cor verde resolveram 30% mais anagramas que as expostas à cor vermelha. Essa evidência sugere que, para ser mais criativo, o verde é melhor. Os pesquisadores acreditam que o vermelho está comumente associado à sensação de perigo, de erro, às luzes do semáforo, aos professores corrigindo com caneta vermelha, e o verde está associado ao positivo, à natureza. Se você não consegue enxergar muito verde em seu escritório ou em seu quarto, ao decorá-los, inspire-se colocando muito mais verde e menos vermelho. Você pode usar tapetes verdes, cadeiras verdes, roupas verdes, mesas verdes etc.

### AZUL TAMBÉM...

A Universidade da Colúmbia Britânica pediu a 600 participantes que resolvessem uma série de testes cognitivos distribuídos em fundos vermelhos, azuis ou neutros (preto e branco). Aqueles que receberam os testes em fundo vermelho se saíram muito melhor na hora de responder as tarefas que necessitavam de mais precisão e detalhes; provavelmente estavam mais alertas porque o vermelho está associado ao perigo. As pessoas com os testes em fundos azuis se saíram pior em atividades de memória curta, mas muito melhor naquelas que precisavam de imaginação. De acordo com os cientistas, o azul desencadeia automaticamente associações com o céu e o mar. Pensamos em horizontes distantes, luzes difusas, praias paradisíacas e dias de relaxamento. Ideal para aumentar as ondas alfa do cérebro!

## Ouça bem

O cérebro também colhe informações essenciais do ambiente por meio de ruídos e sons. O ruído de uma goteira, a colisão de dois carros na esquina ou as batidas do granizo no teto nos alertam sobre o que está acontecendo antes que vejamos. Temos uma espécie de localizador da fonte de som que nos permite compreender a que distância está e de que direção vem. As vibrações, também chamadas ondas, que entram no ouvido são convertidas primeiro em sinais elétricos e depois se produz um processo complexo quer terminará no córtex auditivo, onde se perceberá a frequência, a intensidade, a qualidade e o significado do som. As principais características que influenciam nossa percepção do som são a frequência (número de vibrações por segundo) e a amplitude (tamanho dos altos e baixos das ondas sonoras). Se precisássemos diferenciar o ruído da música, diríamos que aquele produz ondas sonoras com padrões de frequência irregulares e que esta as produz com padrões regulares. Quando a gama sonora inclui diferentes volumes e tons, diferentes grupos de células especializadas vibrarão em ressonância e, dessa maneira, dois ou mais sons serão processados no córtex auditivo. Isso acontece quando conseguimos diferenciar os diferentes instrumentos em uma sinfonia. Frequentemente, os sons nos geram memórias nostálgicas associadas a emoções do passado (como as músicas da adolescência). Em uma festa, quando há muitas pessoas falando e gritando com música de fundo, o cérebro está captando todos os sons. Entretanto, é possível seguir o fio de uma conversa porque o córtex auditivo consegue classificar quais são os sons significativos e quais são apenas ruídos. Outros sons vitais para os humanos são a batida do coração e a respiração das mães, que acalma os bebês. Muitas vezes as passagens importantes de nossa vida são acompanhadas de música (casamentos, formaturas, mortes etc.). Além disso, ao cantar, as pupilas se dilatam e secretamos endorfinas. Os pacientes em coma respondem à música, e os doentes terminais relaxam com ela. Em um aspecto mais comercial, o som que acompanha um produto ou serviço que consumimos pode intensificar seu prazer (abrir uma lata de refrigerante, servir o café, o crocante das batatas fritas, as fichas do cassino etc.).

---

Os *insights* ou revelações do subconsciente são como o celular que toca em uma festa: você não consegue ouvir direito com tanto ruído de fundo. É necessário relaxar para que o córtex e seu grande ruído do dia baixem o volume e você possa entender o que seu subconsciente diz. Certamente trará boas notícias a seus desafios.

---

## Isso me cheira bem

O olfato é nosso sentido mais antigo e, por isso, o único que percorre até a amígdala e o córtex olfatório, sem passar pelo tálamo, como ocorre com a audição, uma parte da visão, o tato e o paladar. Isso acontece porque, evolutivamente, o olfato era encarregado de nos dizer rapidamente se um alimento em potencial cheirava mal e poderia prejudicar nossa saúde. Fazemos isso muito bem ainda hoje em relação a maus cheiros, certos produtos químicos etc. Os exóticos queijos franceses não contam aqui.

Quase todo animal que não tenha um sentido apurado de olfato provavelmente morrerá antes de conseguir deixar descendentes. Em geral, as presas têm um cheiro bom para os predadores (cheiro de churrasco), mas estes têm um cheiro ruim para as presas (cheiro para o leão, repelente para os humanos). Os odores também podem indicar doença e, por isso, muitas vezes são utilizados cães para detectar melanomas, epilepsia, hipoglicemia, infartos; o diabetes tem cheiro de açúcar, enquanto o sarampo cheira a penas. O melhor amigo do homem conta com 220 milhões de células olfativas, e nós temos apenas cinco milhões.

A conexão direta do sistema olfativo com a amígdala deve-se ao fato de que esta pode influenciar tanto no ritmo cardíaco e na pressão arterial como em nossa sensação de tranquilidade e bem-estar. Isto é, há cheiros que nos deixam inquietos ou alertas, e outros que nos seduzem e convidam. Estes estão relacionados à aromaterapia.

Além disso, o sistema olfativo está diretamente conectado ao nosso sistema de emoções e à nossa memória. Se quer que as pessoas se lembrem de você, recorra ao nariz delas! Embora somente 1% do cérebro esteja envolvido no olfato, quando sentimos algo familiar ou evocativo, a memória da primeira vez que sentimos aquele cheiro voltará a despertar as emoções vividas então. No mundo do *marketing*, para evocar memórias poderosas, utilizam-se cheiros da infância que estão guardados muito intensamente e há muitos anos. Dessa maneira, pode-se associar uma marca ou um produto a aromas muito prazerosos.

Algumas pesquisas realizadas no mundo dos negócios apresentam dados divertidos e verdadeiros. Por exemplo, o cheiro de limão aumenta as vendas em restaurantes de frutos do mar, e o cheiro de grama ou terra perto dos laticínios aumenta as vendas nos supermercados porque faz lembrar a origem desses produtos e causa uma sensação de frescor. Quando se trata de automóveis de luxo ou malas, o cheiro de couro é associado à recompensa e ao relaxamento. Em algumas lojas de roupas, o cheiro de mar ou de rosas e violetas melhora as vendas. No ambiente imobiliário, o cheiro de biscoitos recém-assados seduz as pessoas que visitam as casas para comprá-las. Nas lojas de moda feminina, o cheiro de baunilha dobra as vendas, e nas de moda masculina, o cheiro de mel ou rosas surte o mesmo efeito.

Aparentemente, o ponto alto para guardar em nossa memória os odores agradáveis ocorre dos cinco aos dez anos, quando sentimos muitos cheiros pela primeira vez. As lembranças de nossa infância representam tempos em que não tínhamos responsabilidades e as típicas ansiedades dos adultos. Por isso, quando voltamos a liberá-las por meio de odores, muitas vezes os idealizamos, mesmo que tenhamos passado por momentos difíceis na infância. Conseguir revelá-las anos depois muitas vezes parece um luxo. Será que o pão assado ou os biscoitos de chocolate nos fazem lembrar os bons tempos na casa da vovó? Marcel Proust descrevia como o aroma das madalenas e do chá o transportava à casa de sua tia na infância.

> "Quando mais nada do passado subsiste, depois que todos morreram, depois que tudo se desgastou e se esparramou, o perfume e o sabor das coisas permanecem em equilíbrio por muito tempo, como alma, resistindo tenazmente, em gotículas quase impalpáveis de sua essência, no imenso edifício da memória."

Por exemplo, na Starbucks, a rede de cafeterias conhecida mundialmente, os funcionários não podem usar perfume para não interferir no aroma sedutor do café que atrai possíveis clientes. Uma empresa observou que as máquinas de venda automática de chocolate que emitiam cheiro vendiam até 60% mais.

Vários estudos mostram que, em geral, as mulheres têm o nariz mais sensível que o dos homens, e assim conseguem definir cheiros com mais facilidade. O olfato também tem um papel fundamental unido ao sentido do paladar. Grande parte do prazer de uma boa refeição se deve ao olfato, que recebe informações químicas sobre o que está mastigando ou até cortando com a faca e o garfo. Esta informação é dez mil vezes mais sensível que o sabor da comida. Uma vida sem olfato é como um filme mudo em preto e branco comparado a um filme em alta definição. Uma curiosidade: o nariz contém receptores de dores e, por isso, alguns cheiros nos doem, como o do amoníaco ou o das pimentas muito picantes.

O neurologista Richard Restak sugere que parentes ou amigos explorem juntos diferentes fragrâncias de modo que estas causem um impacto positivo na memória emocional. Outro exercício aromático semelhante: um jantar com amigos em que cada um leve sua fragrância preferida e explique por que prefere aquele perfume e que lembranças estão associadas àquele aroma, enquanto os frascos são passados entre todos os convidados.

Na faculdade de design de Stanford utilizam essências para despertar lembranças e gerar ideias; os alunos também são estimulados a visualizar os problemas em cores diferentes e a se inspirar com manchas de tinta.

## Esse é o meu gosto

Você se lembra da última vez que teve uma gripe ou resfriado? Com certeza a comida tinha menos sabor quando você estava doente. Isso acontece porque quase três quartos do que o cérebro percebe como gosto entra pelo nariz. O paladar também nos protege de coisas que podem ser tóxicas, causando reflexos como o vômito ou engasgo com algo de que não gostamos.

A primeira coisa que "saboreamos", que provamos, é o leite materno, e isso estabelece o desejo por alimentos doces e mornos. A entrada no mundo do paladar é genial: calor, mimos, carinho e amor. Os receptores da língua distinguem cinco sabores diferentes: doce, amargo, salgado, ácido e umami. Este foi descrito em 1908 por Kikunae Ikeda, em Tóquio, quando ele comia algas marinhas. Seus receptores não estão na língua, mas na faringe. A carne assada, o molho *shoyo* e o queijo parmesão têm umami entre seus sabores. Algumas comidas salgadas, como gordura, doces e balas, secretam endorfinas, que elevam o estado do ânimo. O apetite por carboidratos é despertado pela necessidade de aumentar os níveis de serotonina, sedativos. Algumas experiências mostram que os apetites são genéticos, pois gêmeos idênticos separados ao nascer têm os mesmos apetites, o que não acontece com gêmeos não idênticos.

## Com muito tato

A princípio, comparado à visão e ao olfato, o tato não parece tão importante. Entretanto, para um bebê, é a diferença entre a vida e a morte. O contato humano tem um papel fundamental no desenvolvimento. Segundo James Prescott, especialista em desenvolvimento, a forma mais rápida de deixar uma criança entediada e triste é jamais tocá-la nem a pegar no colo. Prescott sugere que as sociedades com altos índices de violência surgem pela insuficiência de laços ou união entre a mãe e o filho por meio do tato. Durante o século XIII, o imperador Federico II do Sacro Império romano-germânico, em busca do idioma original da humanidade, ordenou que um grupo de recém-nascidos fosse educado sem um idioma; além disso, as cuidadoras que os alimentavam não podiam tocá-los. Todos os bebês morreram antes de aprender a falar.

O tato se desenvolve antes dos outros sentidos, no útero da mãe. O reflexo dos bebês de mexer a cabeça quando alguém toca sua bochecha os ajuda a encontrar o mamilo na época da lactação. Poderíamos dizer que o tato está diretamente relacionado aos primeiros estágios da inteligência. Cada sentido tem um órgão, mas, no tato, os órgãos somos nós. Por isso, ele é o mais útil e completo para nossa sobrevivência e evolução. A pele nos separa de todos os outros, nos dá forma, nos protege de invasores, nos esfria ou esquenta, produz vitamina D, sustenta nossos fluidos, se regenera continuamente e, além disso, é o maior órgão. Os receptores do tato, que captam pressão, temperatura, dor, vibrações etc., estão distribuídos de maneira irregular ao longo de toda a pele. Isto é, cada parte de nosso corpo varia em **sensibilidade** ao tato e ao estímulo doloroso de acordo com a quantidade de receptores e sua distribuição na pele. Por exemplo, a diferença entre lábios e cotovelos. Os dedos e a língua são muito mais sensíveis que as costas. Por isso, obtemos mais informações ao tocar a superfície com o dedo, e beijar gera uma multidão de fogos de artifício neurais. Em média, cada centímetro quadrado de pele há cerca de 200 receptores de dor, 15 de pressão, seis para o frio e um para calor. Em nossa sobrevivência, são claras a necessidade e a importância de captar bem a dor. Isso gera resposta imediata. Muitos desses receptores se dedicam não apenas a descobrir, mas também a evitar a dor. Em 1990, realizou-se um estudo de mapeamento cerebral com cegos que liam em braile. Estes não só sentiam as letras elevadas ativando as redes táteis do cérebro, mas também recrutavam neurônios do córtex visual, que ajudavam a decifrar o formato das letras em relevo nas páginas.

> É curioso que, ainda que você seja a pessoa que mais sente cócegas no mundo, seja impossível fazer cócegas em si mesmo. Isso acontece porque o cérebro controla os movimentos e se antecipa ao resultado. Você sabe onde vai colocar os dedos para fazer cócegas, e sabe como se sentirá. O cerebelo, uma parte do cérebro, é o encarregado de distinguir seus dedos dos dedos de outras pessoas, de quem não consegue prever suas ações, o que causa a sensação de cócegas.

Em situações sociais, como festas ou jantares, os franceses podem se tocar umas 200 vezes em meia hora; os americanos, umas 400. Não há experiências com argentinos, mas eu ousaria dizer que poderíamos bater o recorde, ou melhor, que estaríamos atrás dos brasileiros. Por fim, se não sentíssemos prazer no tato, não teríamos relações nem filhos.

Desapareceríamos como espécie. Não é à toa que o sexo é o maior prazer relacionado ao tato. Um grande *design* da natureza foi transformar nosso objetivo como espécie em nosso maior prazer.

É "o olho de minha mente", disse Hamlet a Horácio na famosa obra de Shakespeare. Em 2011, cientistas da Califórnia, orientados por Antonio Damasio (um dos homens que mais contribuiu para a compreensão do cérebro), descobriram que, quando alguém olha para um objeto, o cérebro não só se lembra de que já o viu, mas também se lembra da sensação ao tocá-lo. Poderíamos chamá-lo de o "tato da mente". As evidências são tão impressionantes que, ao examinar os dados provenientes da parte do cérebro que processa o tato, podemos prever qual é o objeto que a pessoa está vendo. No mesmo estudo, solicitou-se aos participantes que, conectados a um poderoso equipamento de ressonância magnética, imaginassem a diferença entre alisar o pelo macio de um gatinho e uma barra fria de metal. Os participantes diziam poder "sentir" a diferença ao imaginá-los e, paralelamente a suas declarações, a área do cérebro iluminada quando isso acontecia era a mesma de quando realmente tocavam algo. O cérebro capta e guarda sensações físicas mediante o tato e depois pode "senti-las novamente" com o simples fato de voltar a ver uma imagem visual ou ao imaginá-las.

### Desafios para desenvolver e brincar com nossos cinco sentidos no dia a dia

Tente se vestir ou escovar os dentes de olhos fechados. Ao contar uma cena para alguém, comunique-se apenas com o olhar, sem falar. Escute música enquanto cheira flores.

Ouça a chuva enquanto estala os dedos ao ritmo das gotas que caem. Observe as nuvens enquanto molda figuras com massa de modelar. Vá para o trabalho ou para a escola por caminhos diferentes durante uma semana inteira. Use o garfo com a mão oposta à de costume. Faça compras em outro mercado ou procure uma padaria diferente da habitual.

### Técnica: visualização criativa

Conectar seus sentidos ao que está tentando criar acaba sendo algo muito poderoso. Tente usar seus cinco sentidos para visualizar a solução final do seu desafio criativo. Qual é a aparência? Qual é a sensação? Que som emite? Qual é o gosto? Quanto mais conectado emocionalmente ao desafio criativo você estiver, será mais provável chegar a uma solução criativa.

## Sexto sentido

### EU VEJO GENTE MORTA...

Na neurociência, a propriocepção muitas vezes é conhecida como sexto sentido. Ela é responsável por registrar a posição, o movimento e a postura do corpo no espaço, devolvendo informações ao cérebro. Entretanto, muitas vezes não estamos conscientes desse registro. Por exemplo, manter e ajustar o **equilíbrio** é um fenômeno não consciente. O sistema somatossensorial, com seus proprioceptores, é responsável por medir como a longitude, a tensão e a pressão estão relacionadas à posição do corpo. Isso acontece em nossos ligamentos, tendões, músculos, articulações e pele. Os proprioceptores mandam a informação para o cérebro, e este pode tomar decisões, como mudar de posição ou parar de se mexer, e informá-las aos músculos. Quando está sob a influência do álcool ou de outras drogas, esse sistema é alterado ou não funciona bem. Por isso, quando a polícia pede para levantarmos um pé, não conseguimos manter o equilíbrio, tocar a ponta do nariz com o dedo indicador nem caminhar por uma linha reta sem ziguezaguear.

### DEIXE-ME CHEIRAR SUAS AXILAS

Alguns pesquisadores chamam de sexto sentido o poder de um órgão (vomeronasal ou VNO) localizado dentro do nariz para detectar certos sinais químicos enviados por outros indivíduos. Esses sinais são hormônios conhecidos como feromônios. Embora tanto essas moléculas como o VNO tenham sido estudados em muitos animais, desde insetos e ratos até macacos, ainda há controvérsias sobre os vestígios desse órgão nos seres humanos. Os feromônios desencadeiam uma grande variedade de mudanças hormonais e comportamentos instintivos, como desejo de reproduzir e agressividade. Isso motivou certos empreendedores a lançar fragrâncias que promovam a atração sexual, pois dizem conter feromônios com nomes tão comerciais quanto Realm, Desire 22 e Pheromone10X (outros lhes chamam *copulinas*).

A melhor evidência da existência de feromônios em humanos foi apresentada pelos experimentos realizados na Universidade de Chicago, em que certas mulheres jovens tiveram de sentir algodões com secreções das axilas de seus companheiros e, em pouco tempo, sincronizaram seus ciclos menstruais com o das que doaram sua transpiração axilar. Atualmente se acredita que os feromônios humanos poderiam influenciar nosso comportamento em alguma parte não consciente do cérebro. No entanto, nossa parte consciente, por meio dos sentidos, da educação e da cultura, exerce um nível maior de controle. Ou seja, sentir os feromônios de alguém ou de alguma fragrância não nos causará uma vontade irremediável de ter relações sexuais com essa pessoa ou de atacá-la, como acontece com alguns animais.

Os feromônios são produzidos nas glândulas apócrinas, que fazem parte das glândulas sebáceas que existem nos lugares expostos da pele e secretam substâncias para matar micro-organismos potencialmente perigosos. São ativados durante a puberdade e se localizam preferencialmente nas axilas, nos mamilos (de ambos os sexos), na região genital, nas regiões em torno dos lábios, nas pálpebras e na parte externa da orelha. As primeiras quatro regiões estão associadas ao crescimento de pelos pubianos durante a puberdade, o que faz muito sentido, pois se trata do momento do desenvolvimento em que começamos a nos interessar por sexo. Além disso, essas áreas onde os pelos crescem são muito eficientes para dissipar odores por evaporação. Talvez tenhamos encontrado uma função para as axilas: secretar feromônios. Ficam na altura do nariz, e muitas vezes levantamos os braços, de modo que outra pessoa possa cheirá-las. Com certeza não somos máquinas, que nos rendemos ao cheiro, mas é provável que nosso comportamento seja orientado por uma combinação de um composto de feromônios somado a nosso intelecto.

## EU DISSE QUE HAVIA UMA EXPLICAÇÃO BIOLÓGICA!

Por fim, segundo a sabedoria popular, muitos falam do sexto sentido das mulheres. Outros o conhecem como a percepção ou intuição feminina. Isso nada tem a ver com os feromônios nem com a propriocepção. Deve-se ao fato de que elas conseguem perceber, melhor que o sexo oposto, quando alguém contradiz o que seu corpo está mostrando. Detectam contradições entre as palavras e a linguagem corporal de maneira mais eficiente que os homens. Em um experimento realizado em Harvard, filmes de curta-metragem sem som em que se desenvolviam diferentes situações foram exibidos para homens e mulheres. Somente 42% dos homens conseguiu decifrar o que estava acontecendo, comparado a 87% das mulheres. Estas desenvolvem ainda mais essa habilidade quando são mães e precisam se comunicar desde cedo com os filhos antes que eles aprendam a falar. Entretanto, no experimento de Harvard, os homens relacionados a um trabalho comunitário, enfermeiros, profissionais das artes e *gays* pontuaram igual às mulheres. Alguns cientistas acreditam que o nível elevado de estrogênio nas mulheres é, em parte, responsável por captarem detalhes do ambiente e poderem reconhecer quando há alterações nele.

Um aspecto fascinante, e às vezes perigoso, da linguagem corporal e das expressões do rosto é que raramente percebemos que nossa postura, nossos movimentos e gestos podem expressar uma coisa enquanto nossa voz diz outra. Isso é o que as mulheres detectam melhor. Por isso, senhores, cuidado com o que falam! As mulheres são mais sensíveis às expressões faciais e conseguem discernir melhor o estado de espírito ou o humor do outro apenas olhando nos olhos. Em vários estudos com alunos do ensino fundamental, detectou-se que, em média, as meninas estabelecem mais contato visual que seus coleguinhas meninos. Em outro estudo recente, utilizando a ressonância magnética nuclear, descobriu-se que as mulheres têm entre 14 e 16 áreas do cérebro destinadas a avaliar o comportamento dos demais, diante de quatro a seis nos homens. Isso explica por que, do ponto de vista das mulheres, os homens falam pouco e, para nós, as mulheres nunca se calam. Além disso, as mulheres podem falar e pensar entre dois e quatro assuntos não relacionados ao mesmo tempo, mudando até cinco tons de voz quando querem destacar algo ou mudar de assunto. Nós só conseguimos identificar três desses cinco tons, e por isso muitas vezes nos perdemos nas conversas delas. Mulheres, não os irritem!

Em média, as mulheres utilizam cerca de 15 mil palavras por dia, enquanto os homens empregam aproximadamente sete mil. Um estudo de 2003, realizado com estudantes universitários, mostrou que as garotas levavam o dobro do tempo para terminar uma conversa por mensagem instantânea e que também usavam mais *emoticons*, as representações das emoções por meio de sinais de pontuação. Obviamente, a mais usada é :-). Segundo o antropólogo Ray Birdwhisel, pioneiro da comunicação não verbal, os seres humanos podem perceber e reconhecer cerca de 250 mil expressões faciais. Parece incrível.

## Escuto cores

Se eu mostrar a você alguns objetos com formas curvas e outros mais lineares ou pontudos e pedir que os nomeie com as palavras *kiki* ou *bouba*, com certeza você chamará os curvos de *bouba* e os pontudos de *kiki*. Isso é conhecido como uma leve sinestesia, onde os sons que soam redondos são associados a formas redondas ou curvas. A sinestesia é uma condição que ocorre quando os sentidos se misturam, como se os cabos e os circuitos tivessem se entrelaçado no cérebro: pessoas que afirmam ver cores quando escutam música (como o pintor Vasily Kandinsky), ou vice-versa, e outras combinações interessantes. Os dados estimam que uma em cada 20 mil pessoas sofra dessa condição. Contudo, acredita-se que muito mais pessoas tenham essa condição, pois muitas delas não sabem que se trata de uma situação particular. Em um estudo recente realizado com 1700 pessoas, uma a cada 23 apresentava certa quantidade de sinestesia. Alguns especialistas relacionam a sinestesia à criatividade.

CAPÍTULO 5

# ATENÇÃO

## Eu falei para você prestar atenção em mim

> Muitos de nossos sonhos parecem impossíveis a princípio, depois parecem improváveis e, no final, quando colocamos toda a nossa intenção, eles se tornam inevitáveis.
>
> Christopher Reeve

Para resolver nosso desafio de forma criativa, devemos estar ATENTOS ao que está à nossa frente e desenvolver a capacidade de focar no objetivo.

Trabalhamos em média oito horas por dia, cinquenta semanas por ano. Abrimos nosso *e-mail* a cada cinco minutos, vinte e quatro mil vezes por ano! Só para ver se temos *e-mail*, não para responder, ler ou fazer qualquer coisa com ele. Você leva cerca de dez segundos para olhar o ícone e ver se recebeu algum *e-mail* e, depois, tentar se concentrar novamente no que estava fazendo. Alguns dizem que isso leva entre trinta e cento e oitenta segundos! Você passa cerca de 66,6 horas por ano verificando se recebeu um *e-mail*, apenas isso.

Pergunte a si mesmo: Você acha difícil se concentrar no que está fazendo porque o tempo todo está olhando além do que está à sua frente? Faça uma lista de coisas que você pode fazer para mitigar essas distrações (desligue o celular, não ligue o computador ou não abra seu programa de *e-mail*, estabeleça um horário para usar o telefone ou ler as mensagens, crie áreas de não perturbe etc.).

Imagine o alfabeto em letras maiúsculas. Você sabe me dizer quantas das letras têm linhas curvas? Preste atenção na forma como você pensa. Antes de ver se há linhas curvas ou não, cada uma das letras aparece na mente. Você verá que elas aparecem uma após a outra, primeiro o A, depois o B, depois o C etc., não espontaneamente. Nós pensamos de forma sequencial; é impossível prestar atenção em tudo o que acontece ao nosso redor de forma eficiente. Nossa atenção costuma estar dispersa, não pode ser usada para tudo o que acontece ao nosso redor. É nossa **intenção** que vai decidir um critério que determinará, dentre todas as coisas que acontecem ao nosso redor e todas as experiências possíveis, quais podemos prestar atenção e realmente dedicar tempo.

### Técnica: Fontes alfabéticas

Escreva no lado esquerdo de uma folha as letras a, b, c, d, todas até a z.

Escreva ao lado de cada letra o nome de uma pessoa famosa que começa com aquela letra. Por exemplo, a: Antonio Banderas; b: Boris Becker etc.

Imagine de que forma esses personagens enfrentariam seu desafio criativo. Adapte ou associe.

Esse propósito vai permitir que você alcance seu objetivo. **A intenção faz que você preste atenção naquilo que seu cérebro considera**

**realmente importante**, seus objetivos. O critério que a sua **intenção** escolher filtrará o que você percebe e, assim, investirá certo tempo e atenção em uma situação específica. Nesse período, a informação recebida dessa experiência faz sentido e faz você se comportar de determinada forma. Quando você olha as nuvens e tenta encontrar uma figura, como uma vaca ou um balão, em determinado momento, se você se esforçar suficientemente, encontrará essa vaca ou esse balão formado pelas nuvens. Eu lhe garanto. Nem as formas das nuvens nem seus olhos mudam. A única coisa que muda é a sua intenção de encontrá-los, e essa intenção faz a sua mente localizar o que está procurando. A sua consciência vai organizar essas nuvens de várias formas até que a sua mente encontre a vaca ou o balão.

A sua intenção define o que e onde você deve prestar mais atenção. Muitos estudos demonstram que quanto mais atenção o cérebro dá a determinado estímulo, mais elaborada é a informação que podemos reter e armazenar em nossa memória. É uma regra: **quanto melhor a atenção, melhor o aprendizado**. Com a revolução das apresentações em PowerPoint ou similares em todos os tipos de eventos, é bom sabermos que, antes dos primeiros vinte minutos, as pessoas, ou melhor, a atenção do cérebro delas, já se foi. Se manter o interesse das pessoas em uma aula ou seminário fosse um negócio, iríamos fracassar 80% das vezes. Não se sabe ainda porque se dissipa tão rapidamente, mas é fundamental encontrar uma forma de reter a atenção das pessoas para que a mensagem seja eficaz. Mensagens ou estímulos de qualquer tipo que chamam a nossa atenção o fazem porque estão ligados ao nosso interesse, à nossa memória e à compreensão desse assunto.

Ainda não sabemos bem o motivo, mas está claro que o interesse por certas coisas está intimamente ligado àquilo a que prestamos atenção. O interesse chama a nossa atenção, pois o cérebro rastreia estímulos constantemente e, quando encontra algum que seja de interesse, prestará mais atenção nele. Os profissionais de *marketing* estão convencidos hoje de que a atenção também pode gerar interesse. Quando nos colocam diante de um estímulo novo, incomum, imprevisível ou diferente, estão utilizando uma ferramenta poderosa para chamar nossa atenção e nos deixar interessados. No dia a dia, usamos nossa experiência anterior (memória) para saber em que prestar atenção.

## Concentre a sua atenção

Saber claramente qual é o seu desafio criativo é essencial antes de começar a gerar ideias. Seu desafio exige a sua máxima atenção.

### EXERCÍCIO PARA DESENVOLVER A ATENÇÃO

Em um dia qualquer, escolha uma cor aleatoriamente. Busque essa cor o dia todo em tudo o que você encontrar.

Por cinco minutos, anote tudo o que poderia ser melhorado no lugar onde você está (trem, quarto, escritório, rua etc.). Desde a cerca do parquinho até o desenho de um ventilador.

Por cinco minutos, invente (lembre-se de sempre escrever) nomes de bebidas não alcoólicas que melhorem a prática esportiva. Os nomes devem ser sugestivos, ousados, engraçados, e assim por diante.

## Eventos repletos de emoção

Embora a biologia por trás da atenção plena ainda esteja longe de ser compreendida, existe uma regra: **as emoções atraem a sua atenção**. Quando você vivencia um acontecimento que envolve emoções intensas, ele será mais lembrado do que um evento que envolve emoções neutras. Eventos repletos de emoção são lembrados por muito mais tempo e com mais detalhes. O primeiro beijo, a morte de um ente querido, o último dia de aula, um acidente, um Natal em família, e assim por diante. Há eventos repletos de emoções individuais e específicas para cada um, e também aqueles ditos universais, nos quais todos vivenciam a mesma coisa ou algo muito semelhante. Esses últimos estão no nosso DNA. Por exemplo, eventos relacionados a ameaças ou fontes de energia (alimento). Independentemente de onde você more ou quem seja, sempre prestará bastante atenção a estes estímulos: Posso comer isso? Posso ser comido por isso? Posso me reproduzir com ele/ela? Ele/ela quer reproduzir comigo? Já vi isso antes? Se nossos ancestrais não tivessem lidado de modo eficiente com as ameaças do ambiente — lembra-se dos leopardos? — e onde conseguir comida, água e abrigo, eles não teriam conseguido transmitir seus genes e sobreviver. Como vimos, temos sistemas específicos no cérebro para procurar oportunidades de reprodução e perceber as ameaças circundantes. Por causa dessa percepção, um roubo, um acidente ou qualquer circunstância com essas características chama muito a atenção das pessoas.

O cérebro lembra melhor dos componentes emocionais de uma experiência do que de qualquer outro detalhe ou aspecto dela, o que é conhecido como o sentido antes dos detalhes. Palavras organizadas logicamente em uma estrutura hierárquica são muito mais lembradas (40% a mais) do que as mesmas palavras dispostas aleatoriamente. Se pudermos determinar o significado ou o sentido de uma palavra com base em outra, poderemos nos lembrar dos detalhes mais facilmente. **O sentido antes dos detalhes.**

Um mito muito difundido sobre a atenção é que certas pessoas, principalmente as mulheres, são multitarefas, isto é, conseguem prestar atenção em várias coisas ao mesmo tempo. Isso é falso porque o cérebro se concentra naturalmente em um conceito por vez, em sequência, como você viu no exercício da página 124. É óbvio que podemos fazer várias coisas ao mesmo tempo, como caminhar, ler e ouvir música. Não é possível prestar atenção em duas ou mais atividades de forma eficiente sem que algumas delas sofram um impacto negativo na compreensão, eficiência, desempenho e assim por diante. Estudos mostram que, quando alguém quer fazer várias coisas ao mesmo tempo, prestando atenção em cada uma delas, elas se autointerrompem muitas vezes. As interrupções geralmente acontecem porque nos concentramos no que estamos fazendo antes de passar para outra coisa. Estima-se que pessoas que fazem isso demoram o dobro do tempo para realizar essas tarefas e cometem o dobro de erros em cada uma delas. O melhor que podemos dizer sobre essas pessoas multitarefas é que elas têm uma boa memória e, portanto, são capazes de prestar atenção em vários estímulos, mas um de cada vez. Um exemplo clássico bem estudado é o de falar ao celular ou enviar mensagens de texto enquanto dirige. Hoje sabemos que toda vez que o cérebro passa de uma tarefa para outra, frações de segundos se passam. Alguém que está falando ao celular leva meio segundo a mais para pisar no freio do carro em uma situação de emergência. Nesse meio segundo, um carro que se desloca a cento e dez quilômetros por hora avança quinze metros. Mais de 50% dos sinais e placas de trânsito que motoristas atentos percebem não são vistos por quem está falando ao celular.

---

Quando você perceber que está tentando fazer duas coisas ao mesmo tempo, acalme-se e tente fazer apenas uma. Quando você precisar se concentrar, livre-se de todas as distrações externas que encontrar. Reduza a possibilidade de distrações internas limpando a mente antes de envolver-se em seu desafio.

---

Por fim, devemos saber que um dos erros clássicos de toda comunicação ocorre quando queremos passar informações demais sem dar tempo suficiente para que sejam compreendidas e relacionadas. Eles nos empanturram e não nos dão tempo para digerir. Isso costuma acontecer porque especialistas estão tão familiarizados com o seu assunto que se esquecem de que a maior parte do público não tem conhecimento sobre ele. *Expertise* não garante uma boa comunicação ou ensino. Muitos dos professores que tive a sorte de ouvir em Harvard não eram bons comunicadores. E não é só minha opinião, porque isso se refletia nas pesquisas docentes realizadas ao final de cada semestre.

Em suma, depois de dez, vinte minutos de uma palestra, mensagem ou aula, a grande maioria das pessoas já "se foi". É muito eficiente chamar a atenção das pessoas contando histórias ou casos repletos de emoções para reativar as conexões neurais.

### Técnica: Histórias

Imagine que você está em um país distante. Escreva uma história curta sobre como é esse lugar. Carregue-a de emoções. Como você resolveria seu desafio criativo nesse caso? Releia e procure associações e pistas para o seu verdadeiro desafio.

Imagine que você está em outra época da história. Escreva o que você faria naquele momento para resolver seu desafio criativo. Releia e procure associações e pistas para o seu verdadeiro desafio.

Escreva uma história de ficção científica sobre o seu desafio criativo. Releia e procure associações e pistas para o seu verdadeiro desafio.

O cérebro processa o sentido antes dos detalhes. Diante de uma comunicação, ofereça os conceitos mais gerais antes de cada detalhe. Será como um copo d'água no deserto para os destinatários da mensagem. Somos estimulados a ser *multitarefas*, mas o cérebro não consegue fazer isso. Se tentarmos, cometemos erros com mais frequência e demoramos mais para fazer as coisas. A coisa mais sensata a fazer é encontrar uma "área sem interrupção" durante o dia. Você verá que fará mais coisas e melhor. "Área sem interrupção" significa desligar o celular, não o deixar no modo silencioso. Algumas pessoas chegam a ponto de remover a bateria para não se sentirem tentadas.

### Exercício

Mova uma única parte para que essa equação aritmética falsa se torne verdadeira.

IV = III + III

Fácil, não? Até 90% das pessoas com lesão cerebral conseguem fazer isso movendo o primeiro algarismo romano I para o lado direito de V, para que fique: VI = III + III

Agora, um desafio mais difícil a resolver, movendo uma única parte.

III = III + III

Nesse caso, apenas 43% das pessoas saudáveis conseguem resolvê-lo. A maioria olha para os algarismos romanos por alguns minutos e desiste. Mas 82% das pessoas diagnosticadas com déficit de atenção resolvem esse problema. A equação é uma tautologia simples (III = III = III). Não estamos acostumados a olhar para os operadores de uma equação (+, -, =), em vez disso, prestamos atenção aos algarismos romanos. Forçar a atenção no problema costuma não resultar em sua solução; você precisa olhar para ele de diferentes perspectivas.

Se alguém quer fortalecer seus músculos, vai levantar pesos. Em resposta ao que se faz com o meio (os pesos), alguns genes serão ativados e mais proteínas serão fabricadas para estimular o crescimento muscular. É a interação com o ambiente que ativa ou desativa alguns genes. Se não houvesse essa interação, isso não aconteceria.

Algo semelhante acontece com o processo do pensamento. É preciso direcionar a intenção para pensar de forma não convencional, produzindo ideias criativas. Essa intenção — ver vacas desenhadas em forma de nuvens — estimulará a ativação de certos genes que produzirão novos neurotransmissores. Isso aumenta o número de conexões entre os neurônios. Quanto mais conexões **incomuns** e sutis houver, mais se possibilitará o surgimento de *insights*. Além disso, quanto maior a frequência com que se faz isso (prática), mais ativo o cérebro se torna e, portanto, mais criativo. **Direcionar intenção às coisas ativa o cérebro e isso permite que você produza mais ideias novas.**

Por isso, recomendo que você saiba o que realmente quer para ativar melhor o seu potencial criativo.

### Mapa de suas intenções

Escreva no centro de uma cartolina, de um mural, um quadro negro ou uma folha (o seu mapa) a real intenção do que você pretende fazer. Comece a colar imagens, artigos, frases e coisas que você recolheu de revistas ou de outras fontes relacionadas à sua intenção. Simplesmente contorne a ideia que você tem como desafio. Essas intenções serão muito motivadoras para o seu cérebro.

---

Se não houver vento, reme.

Provérbio latino

---

## *Insights* com intenção

Proponho um daqueles enigmas que precisam de um *insight* para ser resolvidos. Você é um oncologista e tem um paciente com um tumor maligno no estômago. Ele não pode ser operado, e o paciente vai morrer se o tumor não for destruído. Existe um dispositivo com um determinado raio que atinge o tumor com intensidade suficiente para destruí-lo. Infelizmente, os tecidos saudáveis atravessados para alcançar o tumor também serão destruídos. Se você diminuir a intensidade do feixe, os tecidos saudáveis serão salvos, mas o tumor não será destruído. Desafio criativo: Que tipo de procedimento você poderia usar para destruir o tumor com os raios, evitando a destruição de tecidos saudáveis?

Das pessoas, 97% concluem que o problema é impossível de resolver. No entanto, observe o que acontece com você enquanto eu conto a seguinte história de ficção. Há um castelo no centro de um país. Muitos caminhos, como raios da roda de uma bicicleta, saem do castelo. Um general quer tomar o castelo com seu exército. Mas ele também quer evitar que as minas nos caminhos destruam seu exército e as cidades vizinhas. Portanto, seus soldados não podem atacar o castelo usando apenas um caminho. No entanto, todos os soldados são necessários para dominar o castelo, já que um único grupo não é suficiente. O general então divide seu exército em pequenos grupos e os posiciona a distâncias iguais do castelo nos diferentes caminhos que convergem a ele. Todos os grupos atacam ao mesmo tempo, e o general toma o castelo.

Agora você consegue resolver o enigma do tumor de estômago? Das pessoas, 70% conseguem depois de ouvir a história do castelo. Ser capaz de entender como as duas histórias estão relacionadas gera um momento de revelação, um *insight*. A resposta surge da analogia. O médico poderia instalar dez máquinas de raios separadas, ajustando a intensidade delas para 10% do necessário para destruir o tumor. Os dez raios adicionados apontando para o estômago destroem o tumor, mas não danificam o tecido saudável. O elemento-chave aqui é a intenção de considerar informações, conceitos e ideias que aparentemente não valem a pena considerar. Em vez de nos concentrarmos nos detalhes do problema (tumores e raios), devemos deixar a mente buscar analogias e conceitos distantes que nos permitam encontrar uma solução. Se você estava entre os 70% das pessoas que foram capazes de resolver o enigma depois de ouvir a história militar, você acabou de ter um *insight*!

## Criativos de verdade

Apesar de todas as técnicas úteis para desenvolver e melhorar a sua criatividade, podemos dizer que não existe uma receita com características perfeitas de como devemos ser e nos comportar para sermos criativos. No entanto, há muitos estudos sobre pessoas que mudaram paradigmas graças à sua grande e ousada criatividade e podem gerar resultados interessantes de se conhecer. São pessoas que realmente contribuíram para mudar sua disciplina ou aprimorá-la de maneira significativa.

As pessoas tentam categorizar tudo, ficamos mais seguros se entendemos o porquê das coisas. Especialistas em criatividade realizaram um estudo com 96 dessas personalidades consideradas muito criativas por seus colegas. Entre elas estão historiadores, compositores, filósofos, críticos, poetas, arquitetos, escritores, biólogos, médicos, químicos, economistas, físicos, astrônomos, psicólogos, cientistas sociais, ativistas políticos, empresários, filantropos e inventores, que compartilham as seguintes características: são indivíduos com grande **energia física**, embora muitas vezes estejam tão tranquilos a ponto de parecerem inativos. **Elas trabalham por longas horas**, com muita concentração, mas se sentem revigoradas e **animadas** com o que fazem; ou seja, elas não são necessariamente hiperativas. A cabeça e a mente dessas pessoas estão sempre em movimento. Elas sempre estão absortas em alguma coisa, mas muitas vezes descansam e dormem muito. Elas têm essa energia sob seu controle, não são dominadas por um calendário, um relógio ou um chefe. Se necessário, e se tiverem vontade, elas se concentram e, imediatamente, quando isso acontece, recarregam as baterias e começam a trabalhar mais. Outra característica paradoxal é que elas conseguem uma **combinação de diversão e disciplina**, de responsabilidade e irresponsabilidade, uma atitude lúdica leve. Ao mesmo tempo, são perseverantes e acreditam de forma clara que precisam trabalhar arduamente para que uma nova ideia ou revelação apareça na mente delas a fim de superar os obstáculos que toda pessoa criativa inevitavelmente encontra em seu caminho. Existe um pensamento popular que presume que artistas, como músicos, escritores, poetas e pintores, têm uma grande fantasia e imaginação, enquanto cientistas, políticos ou empresários são muito mais realistas. Isso pode ser verdade em relação às atividades do dia a dia dessas disciplinas. No entanto, quando alguém começa a trabalhar de maneira criativa, o artista pode ser tão realista quanto um físico e este pode ter tanta imaginação como um artista. Outros estudos sobre essas pessoas hipercriativas indicam que elas costumam ser muito extrovertidas às vezes e, em seguida, introvertidas, às vezes querem se mostrar e outras vezes sentam-se em silêncio, observando as pessoas passarem.

Também são muito humildes e orgulhosas ao mesmo tempo, e, na maioria das vezes, estão tão focadas em projetos futuros ou nos desafios atuais que tudo o que conseguiram fazer no passado não parece mais tão importante para elas. **Gostam muito mais do processo do que dos resultados.** Geralmente são consideradas rebeldes e independentes, mas é impossível ser diferente dos demais sem primeiro ter estudado ou aprendido a disciplina na qual você está sendo criativo. É como uma mistura de tradicional e conservador e, ao mesmo tempo, rebelde. O tradicional não costuma levar à mudança, mas quando se corre certos riscos, quebra-se essa segurança da tradição, o que é necessário para que essas revelações criativas ocorram. Fundamentalmente, todas essas pessoas são **apaixonadas pelo seu trabalho**, adoram o que fazem; e sem essa paixão elas perdem o interesse e, quando há pouco interesse, há menos oportunidades de ser criativo. **A criatividade precisa de intenção.** Talvez a qualidade mais marcante dessas pessoas criativas seja a capacidade delas de gostar muito do processo de criação, apenas pelo processo em si, não por causa do resultado ou objetivo. **Desfrutar** é muito importante para quem se dedica à criatividade.

Lembre-se de que, independentemente de você compartilhar ou não essas características, atitudes ou formas de se comportar diante de diferentes estímulos, você pode aprimorar seu pensamento criativo com as técnicas deste livro.

Por um momento, pare de ler e olhe para três ou quatro objetos que estejam próximos de você. Como você usaria esses objetos ou as associações entre eles para melhorar este livro?

**3Ps**: Quanto mais rápido sua mente decidir o que realmente quer resolver, mais rápido surgirá a criatividade.

Escreva as três principais prioridades (3Ps) da sua vida que precisam de criatividade. Quando você estiver viajando, ouvindo música, lendo ou conversando com um estranho, busque conexões com suas 3Ps. É como ir à caça em busca de algo relevante para suas prioridades. As 3Ps não precisam estar relacionadas à urgência, não são seus sonhos ou ambições, nem sua lista de projetos. Elas são circuitos conceituais abertos por meio dos quais você continua a procurar uma revelação.

## Energia curiosa

A criatividade, ou ser mais criativo em sua vida, não o leva necessariamente à fama, glória ou fortuna. Graças a ela, suas experiências do dia a dia serão mais vivas e você poderá aproveitá-las mais e se sentirá recompensado por realizá-las. Quando vivemos de maneira criativa, o tédio tende a desaparecer. Cada momento contém a promessa da descoberta de algo renovado, novo, diferente, embora essas descobertas talvez não enriqueçam o mundo. Para além de nossa vida pessoal, viver com mais criatividade também nos aproxima do processo de evolução. Como vimos de diferentes ângulos, todos têm o potencial na mente para viver ou levar uma vida mais criativa. No entanto, os obstáculos cotidianos nos impedem de manifestar todo esse potencial. Muitos de nós estamos cansados porque são muitas as exigências todos os dias. Temos muitos problemas para ligar ou ativar a energia necessária à criatividade. Alguns se distraem facilmente e têm dificuldades em aprender coisas, o que faz que esses canais de energia fiquem bloqueados e não possam ser usados. Outro obstáculo é a preguiça ou não ter disciplina para controlar a energia que podemos acionar para ser mais criativos. Um obstáculo final é que muitos não sabem o que fazer com a energia que têm.

Para usar a nossa energia no processo criativo, precisamos de períodos de atenção, no nosso dia ou na nossa semana, em que possamos investir no novo.

Na maioria dos casos, a atenção que dedicamos na vida se restringe a todas as nossas necessidades externas. Não podemos esperar que alguém que tem dois empregos ou uma mãe que trabalha e cuida dos filhos tenha energia mental suficiente para ser capaz de superar-se ou ser criativa em sua disciplina. No entanto, muitas vezes os obstáculos são internos. Quando estamos muito atentos em nos proteger, quase toda a nossa atenção se concentra em localizar qualquer tipo de ameaça à nossa pessoa.

Investimos excessivamente em dar atenção aos nossos próprios objetivos, muito egoístas. Todos nós precisamos cuidar de nós mesmos e suprir ou tentar satisfazer nossas necessidades, mas para muitas pessoas o conceito de necessidade é inflado a tal ponto que elas se tornam obsessivas e preocupadas com isso o tempo todo. Quando alguém vê, pensa ou faz algo que está relacionado apenas ao seu próprio interesse, não lhe sobra atenção ou energia para aprender outras coisas e, assim, estar aberto e ser mais criativo. É difícil ser muito criativo se você está com fome ou com frio, porque toda a sua energia é gasta para atender a essas necessidades básicas. Da mesma forma, também é difícil que uma pessoa rica e famosa seja criativa se ficar todo o seu tempo tentando ganhar mais dinheiro e fama. Para liberar nossa energia criativa, precisamos abandonar um pouco a busca permanente de objetivos. Nossos genes, por um lado, e os memes da cultura, por outro, nos programaram para persegui-los sem cessar. Vamos usar essa liberação de energia para explorar o mundo. Para ter uma vida mais criativa **é preciso usar sua atenção para cultivar a curiosidade e o interesse**, prestar atenção nas coisas pelas coisas em si. E é isso que as crianças fazem. Sua curiosidade é como um raio *laser* que está constantemente apontando para diferentes lugares e investindo interesse em tudo o que vê ou que esteja ao seu alcance. Adultos muito criativos costumam ser como crianças: sua curiosidade permanece renovada. Alguns podem ter noventa anos, mas realmente gostam do novo, do estranho, do desconhecido.

### *Conselhos práticos para quem não tem muita curiosidade ou costume de se interessar por coisas novas*

Tente ser surpreendido por alguma coisa todo dia. Pode ser algo que você veja, escute ou leia. Por exemplo, pare de olhar para os carros estacionados da forma costumeira e olhe para eles de forma diferente, experimente algo novo no restaurante, escute realmente um colega de trabalho, escute-o de verdade. Não pense que sabe tudo e, mesmo que o saiba, tente não pensar nisso, como se o visse pela primeira vez. Experimente algo pelo que é e não pelo que pensa que é.

Tente surpreender alguém, dizer-lhe algo diferente, algo inesperado, expressar uma opinião que você nunca ousou lhe dizer, fazer-lhe uma pergunta que não é típica para você, romper com a rotina de suas atividades, convidando-o para um restaurante, teatro, museu que você nunca visitou antes.

Escreva a cada dia o que o surpreendeu e como você surpreendeu alguém. Depois de algumas semanas com esse caderno, leia o que você fez, como surpreendeu alguém e assim por diante. Você vai encontrar padrões diferentes, coisas que lhe interessam mais do que outras, talvez até uma disciplina ou algo que seria interessante começar a explorar mais a fundo.

Se algo desperta o seu interesse, por menor que seja, vá atrás, explore-o, qualquer coisa que chame a sua atenção, seja uma música, uma ideia, um restaurante. Em geral, estamos ocupados demais para explorar o que nos interessa. Podemos achar que não é para nós, que não nos importamos tanto, que não temos tempo; no entanto, explore-o. O mundo é o seu tempo, o mundo é o seu negócio, o mundo é o seu trabalho.

Todas as crianças são curiosas e isso as leva a ter energia e interesse e as capacita a serem mais criativas. Como vimos, isso se atrofia na infância, principalmente ao entrar na escola. No entanto, é possível reavivar lentamente essa curiosidade e tornar-se, ou melhor, tornar-se novamente um ser mais curioso de forma natural. **A curiosidade permite que você tenha mais oportunidades de ser mais criativo.**

## *Saia da sua rotina*

Com frequência, a rotina pode ser inimiga da criatividade. Programe mudanças em um dia rotineiro da sua vida. Faça uma lista das coisas que você faz por hábito, sempre da mesma maneira. Geralmente, nessas listas encontramos coisas que tornam nossa vida um pouco mais confortável e que dificilmente temos de pensar para executá-las.

Identifique nessa lista o que você faz simplesmente por hábito.

Tente mudar um pouco a forma como você faz algumas atividades na semana, no dia, no mês.

Por exemplo, vá para o trabalho ou escola de uma forma diferente, mude os seus horários de dormir e trabalhar, mude a estação de rádio, leia um jornal diferente, faça novos amigos, tome suco em vez de chá, experimente outro restaurante, troque a ducha por um banho de espuma, mude de programa de TV, e assim por diante.

## Recuperar a curiosidade

A curiosidade é a coisa mais poderosa que nós temos.

James Cameron

Às vezes, as perguntas são complicadas e as respostas são simples.

Doctor Seuss

Toda manhã, defina uma meta específica para você. Algo insignificante ou importante, mas que, desde a noite anterior, dê vontade de acordar e ir atrás.

A maioria de nós não acha que nossas ações fazem sentido. Muitos de nós vivemos no piloto automático. Se você se propuser a isso, poderá descobrir que há pelo menos uma coisa, todos os dias, pela qual vale a pena acordar. Pode ser conhecer alguém, comprar algo de uma pessoa especial, plantar uma árvore, limpar sua mesa de trabalho, escrever uma carta, experimentar roupas novas, e assim por diante. Depois de um tempo fazendo essas atividades, você sentirá muito mais vontade de acordar pela manhã. Você verá que acordar todas as manhãs é um privilégio, não um pesadelo. Experimente todas essas rotinas do dia a dia de forma diferente, como escovar os dentes, tomar café da manhã, vestir-se, tomar banho etc. A qualidade da experiência costuma melhorar muito na proporção do esforço que se investe nela. **Quando você faz alguma coisa e faz bem, ela**

**fica muito mais prazerosa**. Comece a mudar a forma como você segue suas rotinas e vai começar a apreciá-las novamente.

*Aumente a complexidade das coisas que você faz.* Quando repete a mesma atividade todos os dias, a menos que descubra novos desafios ou oportunidades, você começará a ficar entediado. Melhore, cresça ou faça cada vez melhor. Quanto mais informações e conhecimento você tiver sobre sua atividade, mais complexa ela se tornará, mas você também poderá aproveitá-la mais. Com tudo isso, você vai despertar o seu interesse e recuperar a curiosidade. Isso vai liberar sua energia criativa, que você deve proteger com unhas e dentes.

*Seja realmente o dono do seu próprio dia.* Estou ciente de que isso é muito difícil para muitos de nós que trabalhamos de oito a dez horas por dia. Refiro-me a pequenas mudanças. Elas vão permitir que você tenha um pouco mais dessa energia criativa. Levantar-se ou ir dormir mais cedo ou mais tarde, pegar outro ônibus, dar uma volta antes de chegar ao escritório, andar por ruas desconhecidas... Eu faço isso e funciona.

*Deixe que as suas atividades diárias acompanhem o seu ritmo do dia.* Quando você se sente melhor: comendo? Ou dormindo? Ou indo trabalhar? Você não precisa necessariamente comer ao meio-dia, pode comer um pouco mais tarde. Trata-se de identificar e adaptar, tanto quanto possível, seus padrões ideais de rotina ao seu jeito de ser. Eu sei que a maioria das pessoas tem muita coisa para fazer durante o dia e que boa parte delas é inflexível em relação a essas coisas. Mas garanto que o tempo é muito mais flexível do que realmente pensamos. É algo tão simples quanto testar e perceber que você pode fazer essas pequenas mudanças.

*Dedique um tempo para refletir e relaxar.* Pessoas que parecem infalíveis e responsáveis são como um carro de corrida: andam sem parar. Isso as deixa ansiosas, incomodadas, sempre ocupadas com o trabalho e com uma grande necessidade de estar fazendo alguma coisa o tempo todo. Essa ocupação constante não é boa para a criatividade. É importante que você tenha tempo todos os dias, durante a semana ou em algum momento do ano, para promover uma mudança. Veja o que você está fazendo, para onde está indo. Esses espaços não aparecem por mágica. Não é decidido por seu chefe, nem por sua esposa ou esposo, são decisões que você precisa tomar. Não são períodos de descanso, mas são muito necessários para o seu próprio bem, conforto e bem-estar. Nas empresas inovadoras que estudo e visito, os próprios donos ou patrões obrigam seus funcionários a ter esse tempo. Isso não vem naturalmente das pessoas, uma vez que "nunca" têm tempo. Boa parte do sucesso dessas organizações em termos de criatividade e inovação decorre desses momentos de reflexão e descontração de seus funcionários. Já aprendemos que é a melhor forma de estimular o surgimento de *insights* criativos no cérebro.

Nem o estresse constante nem a monotonia permanente são um bom contexto para a criatividade. Você deve alternar um pouco entre períodos de estresse — um pouco de estresse também ajuda a funcionar melhor — e períodos de relaxamento. Isso não significa necessariamente não fazer nada, pois também pode ser relaxante fazer algo diferente de suas rotinas ou tarefas diárias.

### Relax

Algumas técnicas de relaxamento menos conhecidas que qualquer um pode experimentar se não quiser estudar ou praticar meditação: feche os olhos, respire profunda e lentamente e faça uma contagem regressiva de dez para um; imagine um balão azul de ar quente no horizonte e olhe para ele. Coloque todas as suas preocupações dentro do balão. Depois de carregá-lo totalmente, imagine o balão se soltando do solo, afrouxe as amarras e observe-o flutuar bem devagar, o mais longe possível de onde você está. Você não precisa fazer nada a não ser olhar para o balão indo embora com suas preocupações mentais para muito, muito longe.

Em 2009, Clayton Christensen, professor da Harvard Business School, publicou um estudo que conduziu ao longo de seis anos com 3.000 executivos e 500 empreendedores inovadores. As duas conclusões mais importantes:

**1.** Cinco habilidades separam os mais criativos dos demais. **Eles associam mais e melhor** conceitos que aparentemente não têm relação alguma (mescla de conceitos). **Eles perguntam sobre tudo**, chegando ao cerne da criatividade (veja a próxima técnica). **Alto nível de concentração e atenção** (intenção e atenção) para observar o que está acontecendo no mundo e imaginar como poderia ser diferente. **Experimentam sem medo** do fracasso, dedicando tempo até encontrar a melhor solução (desfrute). **Encontram pessoas que são diferentes deles**, que desafiam suas ideias e expandem seus panoramas (perspectivas).

**2.** Cerca de 80% da sua criatividade pode ser aprendida e adquirida. Ao incorporar técnicas para desenvolver sua criatividade (como as deste livro) em sua rotina diária, você pode aumentar sua capacidade criativa entre 20% e 50%.

### Técnica: Perguntas

A maior parte das pessoas foi criada para evitar desafiar a autoridade, principalmente no trabalho, na escola ou na família. Por isso, muitas vezes não fazemos as perguntas certas. Para promover um pensamento novo e curioso, você deve fazer perguntas constantemente e isso deve ser parte da sua rotina.

**Por quê? Isso ajuda você a compreender o estado atual das coisas, a desafiar o *status quo*, a desafiar a sabedoria convencional.**

Por que sempre há uma fila longa para entrar no cinema? Por que as pessoas esperam chover para comprar um guarda-chuva?

Por que é normal trabalhar quarenta horas por semana? Por que nosso concorrente está nos vencendo com seu novo produto? Por que eles não passam mais meu programa de TV favorito?

**O que aconteceria se...? Ajuda você a explorar novas possibilidades, a imaginar como seria o mundo se você fizesse uma mudança ou desenvolvesse uma ideia nova.**

O que aconteceria se cobrássemos por nosso produto como uma assinatura em vez de por unidade? O que aconteceria se a bolsa de valores subisse 15% este ano? O que aconteceria se a presença da polícia dobrasse na cidade? O que aconteceria se eliminássemos as reuniões na empresa? O que aconteceria se a idade legal para beber fosse reduzida para quinze anos?

**Por que não? Isso ajuda você a entender as restrições e a se conectar com os fatores limitantes que estão bloqueando a mudança positiva.**

Por que não há tantos enfermeiros do sexo masculino? Por que os funcionários da nossa empresa não compartilham ideias polêmicas? Por que não oferecer aos nossos clientes uma lavagem de carro gratuita quando eles comprarem em nossa concessionária?

### Os cinco porquês que lhe permitem chegar à raiz do problema

**1.** Por que nossos clientes preferem as batatas fritas da concorrência em vez das nossas? Porque elas têm um sabor melhor.

**2.** Por que ela tem um sabor melhor? Porque eles usam temperos melhores do que os nossos.

**3.** Por que eles usam temperos melhores do que os nossos? Porque o *chef* deles é melhor que o nosso.

**4.** Por que não temos um *chef* melhor? Porque nunca consideramos importante contratar um novo *chef* e ainda temos o mesmo *chef* medíocre de vinte anos atrás.

**5.** Por que ainda não contratamos um novo? Porque ninguém se dispôs a apresentar esta situação ao dono da empresa.

### O relatório do impressionante

Escreva uma lista de perguntas sobre tudo o que o impressiona em seu desafio criativo. Leia e releia essa lista; você certamente encontrará pistas que ativarão sua criatividade.

### Técnica: As vinte perguntas

Depois de identificar seu desafio criativo, escreva por dez minutos ininterruptos por trinta dias todas as perguntas que lhe ocorrerem sobre esse desafio. Ao longo dos dias, as perguntas vão mudando radicalmente e vão te dar um entendimento mais profundo sobre o assunto, ajudando-o a se concentrar.

### Por quê? Quem? O quê? Quando? Onde?

Pense no seu desafio criativo.

Você consegue responder essas cinco perguntas de forma concreta e eficaz?

Se você está prestes a pôr em prática sua solução, comece perguntando-se como.

## Melhorar a capacidade de atenção

Treinar seu interesse, sua atenção e seu estado de consciência é a chave para aprender melhor e estimular o surgimento de *insights*; por isso, potencializa sua criatividade. Há várias técnicas que geram mudanças fisiológicas e psicológicas em seu corpo e mente. Muitas dessas técnicas derivam de ideologias e filosofias antigas. Cada uma dessas diferentes abordagens depende de uma prática diária relativamente simples. Esses exercícios podem basear-se em focalizar sua atenção em algo interno, como sua respiração ou seu batimento cardíaco, ou externo, como sons, música ou um objeto. Também existem exercícios que integram as duas coisas. Segundo a minha experiência pessoal, posso garantir que, no início, é necessário um esforço significativo para treinar a mente para melhorar sua capacidade de atenção. Com a prática, como quase tudo que queremos aprender, o esforço diminui e você automaticamente começa a se concentrar nos exercícios. Os resultados são impressionantes se você se disciplinar a fazê-los todos os dias. Obviamente, você deve seguir as recomendações dos responsáveis pelo seu treinamento.

Um dos métodos mais ocidentais é o "treinamento de atenção ativa". Muitos de nós treinamos nossa atenção sem perceber que estamos fazendo isso. Isso acontece principalmente quando participamos de esportes, *hobbies* ou atividades ao ar livre. As duas expressões dessa abordagem estão em atividades que são estimuladas por: a) novidade, velocidade e um estado de concentração intenso, mas sem esforço. Por exemplo, se você está correndo na montanha precisa prestar muita atenção ao caminho, mudar constantemente de velocidade, pois você não sabe o que o espera atrás de uma árvore ou pedra; b) repetição deliberada em um ambiente confortável, no qual você baixa a guarda e não precisa estar vigilante para mudar rapidamente a situação em que está. Como se você estivesse fluindo. Correr por um caminho reto ou dirigir em uma estrada reta seria um exemplo disso. Em ambos os casos, um bom treinamento físico também garante um treinamento mental de sua atenção. Com o tempo, essas mudanças psicofisiológicas vão além do seu estado de saúde e alcançam um **bem-estar** mental estimulando a sua criatividade. Quem pratica esporte tem muitas ideias durante o treinamento.

Também podemos treinar nossa atenção sem nos mover. Isso é conhecido como "treinamento de atenção ambiente" ou *mindfulness,* em inglês.

Esta última palavra deriva do budismo e é usada hoje para se referir a muitas coisas diferentes. Para o propósito de seu treinamento mental e o que estou tentando fazer com este livro, usarei apenas o aspecto prático e não o dogmático desse conceito. *Mindfulness* não é a busca pela mudança, mas o contrário: é ser quem você é, ter o que você tem, onde você estiver neste exato momento e a cada momento. Em vez de se concentrar e se excluir, trata-se de manter a calma com um pouco de atenção na respiração e, aos poucos, abrir os sentidos para tudo o que está acontecendo ao seu redor. O desafio dessa prática é ser capaz de deixar todas as novas sensações e os novos pensamentos irem embora à medida que eles surgem na sua mente e permitir que você volte à sua respiração e ao presente. Provavelmente, a sua tendência é ficar com raiva por não conseguir controlar sua atenção; é o que acontece comigo quando me aparece o bife com batatas fritas que comi no jantar na noite anterior. No entanto, você logo começa a perceber que está tudo bem e, inclusive, é de se esperar que a sua mente fique vagando por aí. Você para de ver isso como algo bom ou ruim e simplesmente o transforma em algo. É simplesmente como a mente funciona. Não resista; abra-se para isso, reconheça-o e recupere o ritmo da sua respiração.

Por fim, quero recomendar-lhe a meditação transcendental. Foi Maharishi Mahesh Yogi quem introduziu essa técnica há mais de cinquenta anos. Hoje, acredita-se que seja praticada diariamente por mais de cinco milhões de pessoas. É uma adaptação da meditação com mantras (sons) que vêm das tradições e dos ensinamentos védicos. Na meditação transcendental, você tem o próprio mantra, que é dado a você pelo seu instrutor, e a repetição e concentração interna nesse mantra gera em você um estado de calma. Em 1979, um estudo realizado por Ellis Paul Torrence, um especialista em criatividade, mostrou que aqueles que praticavam meditação transcendental eram mais criativos em diferentes tarefas do que os grupos de controle (ou seja, aqueles que não a praticavam). Também há fortes evidências de que a prática melhora seu ânimo e sua capacidade de lidar com o medo e a incerteza.

Ambas as abordagens, a de treinamento da atenção e a de meditação transcendental, têm o apoio de milhares de publicações científicas que endossam sua prática. Embora eu esteja aberto a tudo, sou um tanto cético quanto à espiritualidade. As práticas devem funcionar na minha própria vida para que eu acredite nelas e recomende-as.

CAPÍTULO 6

# EMOÇÕES

## Ah, que emoção!

Nossa experiência emocional está associada a uma rede do cérebro conhecida como sistema límbico. Ele detecta as relações emocionais com seus pensamentos, objetos, pessoas e eventos. Diz como você se sente a cada momento sobre o mundo, determinando e orientando seu comportamento, muitas vezes inconscientemente. Sem um sistema límbico completo, o cérebro seria pouco funcional. Você iria acordar e sair da cama, mas provavelmente ficaria ali parado e quieto. Um número infinito de escolhas surge a cada momento do dia. No entanto, não temos tempo ou energia suficiente para processar logicamente todas as ações possíveis. Será que eu tomo café da manhã? Será que como algo no café da manhã? Será que eu deveria comer? Será que eu deveria dormir mais? Todas estas e outras pequenas decisões diárias envolvem muito mais do que um processo racional.

Os prestigiosos cientistas Evian Gordon e Lea Williams criaram um modelo, que eles chamam de *integre-se*, que garante que tudo o que fazemos na vida tem base na determinação do cérebro em **minimizar o perigo ou maximizar a recompensa**. Este é o **princípio organizador do cérebro**.

O sistema límbico processa todos os dados que recebe e nos orienta sobre quais desses estímulos devemos prestar atenção e de que forma. Curiosidade, felicidade, alegria são emoções do tipo "aproxime-se desses estímulos", enquanto ansiedade, tristeza e medo são do tipo "afaste-se desses estímulos". Afaste-se do que o deixa ansioso e chegue mais perto do que o faz feliz. Esses estímulos que tendemos a evitar são conhecidos como ameaças primárias: a fome, um animal selvagem, uma cara zangada, muito calor. Aqueles que nos ajudam a sobreviver são as **recompensas** primárias: comida, dinheiro, sexo e também apenas o fato de ver um rosto familiar. Em outras palavras, o que ele faz é processar estímulos continuamente, catalogá-los — como fugir ou aproximar-se — e, consequentemente, determinar como devemos nos comportar.

Em geral, essas decisões são automáticas. Levamos meio segundo para tomar consciência da ação que já decidimos realizar. Esse sistema é ativado com mais intensidade ao perceber um perigo do que ao prever uma recompensa. Além disso, a ativação por causa de um perigo é muito mais rápida, duradoura e difícil de desativar do que a produzida por uma recompensa. "Tristeza não tem fim; felicidade, sim."

Se você estiver apresentando sua ideia para alguém e essa pessoa disser "sim, mas..." em algum momento, você tem de mudar isso automaticamente para "sim, e...".

Quando alguém lhe diz "não vai dar certo", você deve pensar rapidamente em três formas de como isso vai dar certo.

Se alguém lhe disser "não pode ser feito", pense em três formas de como você vai fazer isso.

Embora o sistema límbico seja ativado em todas as pessoas em diferentes situações, cada um de nós possui "botões de ativação únicos", que ficam registrados por experiências pessoais guardadas e rotuladas como perigosas. Quando o padrão original que produziu um desses botões ou algo muito semelhante surge novamente na sua vida, a resposta ao perigo também surge. Essa nova resposta é proporcional ao grau de perigo com que a situação original foi rotulada. Como diz o ditado: "Gato escaldado tem medo de água fria".

Se nosso sistema límbico é superativado, seja por perigos reais ou imaginários ou por grandes recompensas, o cérebro começa a funcionar incorretamente. Essa falha no funcionamento ocorre muitas vezes sem que percebamos. Pode até gerar uma falsa confiança em nós; por exemplo, ao vivenciar algo que nos causa medo, o nível de adrenalina sobe e isso pode nos deixar muito focados, o que por sua vez gera mais confiança nas decisões. Na realidade, porém, nossa capacidade de tomar decisões é reduzida. A hiperativação do sistema límbico também reduz todos os recursos disponíveis para o funcionamento do córtex pré-frontal. Há menos glicose e menos oxigênio para entender, decidir, memorizar, lembrar e inibir pensamentos, cinco das funções primárias do córtex pré-frontal na vida cotidiana. Alguns estudos já demonstram que o funcionamento do córtex pré-frontal é afetado pelo simples fato de ver carinhas de bravo em vez de carinhas sorrindo no final de uma frase de um *e-mail*. Isso nos mostra como é relativamente fácil sobrecarregar o sistema límbico de forma a reduzir o funcionamento do córtex pré-frontal. Além disso, nossa capacidade de viver e entender o que acontece no tempo presente é limitada. Temos a tendência de responder muito mais às coisas negativas, correr menos riscos, olhar para o lado negativo das coisas e aumentar as ocasiões em que fazemos ligações entre coisas quando, na verdade, essas ligações não existem. Paranoia, vamos concordar.

### Técnica de Walt Disney

O que Walt Disney fazia? Diante de um desafio criativo, ele mudava sua perspectiva três vezes, passando a representar três papéis diferentes e a relacionar suas perspectivas ao seu desafio.

Dia 1. Perspectiva do sonhador: Deixe sua imaginação voar sem se preocupar em como colocar em prática os conceitos que surgirem.

Dia 2. Perspectiva do realista: Pare de fantasiar e tente ver como o que sua imaginação criou poderia ser colocado em prática.

Dia 3. Perspectiva do crítico: Pergunte a si mesmo quais são os pontos fracos da sua ideia e procure-os.

Exemplo:

Sou o administrador de um grupo e meu desafio criativo é: "Quero que os funcionários venham ao meu escritório com mais frequência, para que eu saiba como eles estão se sentindo e como estão trabalhando".

Dia 1. Perspectiva do sonhador: Que existam cadeiras flutuantes para que os funcionários possam sentar-se nos corredores da empresa, e que essas cadeiras venham automaticamente para o meu escritório.

Dia 2. Perspectiva do realista: Cadeiras flutuantes é algo impossível de se ter hoje, mas talvez eu pudesse ter cadeiras mais confortáveis no meu escritório para que venham aqui com mais frequência.

Dia 3. Perspectiva do crítico: Quanto essas cadeiras custam? E se todos os funcionários quiserem ter essas cadeiras em suas mesas depois? E se eles relaxarem tanto a ponto de não prestarem atenção em mim?

## Regulação

Um erro clássico que muitos cometemos é pensar que tentar não sentir algo é a melhor estratégia para nos acalmar quando estamos sob pressão. James Gross, professor da Universidade de Stanford e especialista em regulação emocional, explica que podemos escolher entre três opções para não sermos sobrecarregados por uma emoção:

1. **Escolha da situação**: se você não é bom em vender o projeto para o seu chefe ou cliente, opte por não o fazer.

2. **Mudança da situação**: se você não tem escolha a não ser vender o projeto para seu chefe, mude a situação em algum nível (por exemplo, prepare-se melhor).

3. **Desvio da tensão**: se você já está apresentando a ideia ao seu chefe, tente desviar a ansiedade, a tensão e o nervosismo para outro lugar. Você vai ficar nervoso, isso não pode evitar, mas como já sabe que vai ser assim, você vai ser menos afetado simplesmente porque assumiu isso.

Essas três opções são boas, mas somente antes das emoções aparecerem. E se você já foi influenciado por elas? Existem duas opções: 1) **Expressar suas emoções**: se você está triste, chore como uma criança; obviamente, isso não pode ser feito em certos contextos sociais. 2) **Mudança cognitiva**: mesmo que você já esteja no meio de uma situação emocional ruim, você ainda pode enfrentá-la de forma diferente, você pode "**rotular**" ou "**reformular**" a emoção, o que implica mudar a interpretação do que está sentindo.

O doutor Gross descobriu que as pessoas que tentavam suprimir experiências emocionais negativas falhavam. Tentar "não sentir" algo, além de ser difícil, pode ser contraproducente. Se você está tentando suprimir uma emoção diante de alguém, a pressão arterial da outra pessoa aumentará. O observador espera ver uma emoção, mas não consegue ver nada. Em outras palavras, suprimir uma emoção literalmente deixa a pessoa ao seu lado desconfortável.

**Rotular a emoção**. O professor Matthew Lieberman detectou por ressonância magnética que os participantes diminuíram muito a atividade da amígdala ao usar uma palavra para descrever ou rotular a emoção. Eles ficaram com uma carga emocional menor. Rotular o que você está sentindo ativa uma região do cérebro responsável por inibir ou desacelerar os pensamentos; como você pensa menos, fica menos sobrecarregado. Isso mostra que as pessoas estão erradas ao presumir que falar sobre suas emoções vai piorar a situação. Descrever a emoção em uma ou duas palavras ajuda a mitigá-la. Essa prática, primeiro consciente e intencional, ao longo do tempo é feita quase que automaticamente. O cérebro começa a se **reajustar** para lidar cada vez melhor com suas emoções.

**Reformular uma emoção**. Existem quatro técnicas diferentes, dependendo da situação. 1) *Reinterpretar* um evento ou ocorrência. Durante a reinterpretação, decide-se que o evento ameaçador não é mais assim. 2) *Normalizar*, que envolve descrever conscientemente as diferentes emoções que serão experimentadas durante alguma mudança na vida para reduzir, assim, sua ameaça. Começar em um novo emprego me dará primeiramente medo, depois incerteza, nostalgia, e assim por diante. 3) *Reordenar as informações*, ou mudar o posicionamento das hierarquias estabelecidas em nossa mente. Se o trabalho, por exemplo, fica no topo da hierarquia para você e de repente você tiver um filho, é provável que a criança passe para o topo da hierarquia. Dessa forma, as emoções negativas do trabalho tornam-se menos opressoras. 4) *Reposicionar-se*, o que implica colocar-se no lugar do outro para voltar a olhar o que está acontecendo de outra perspectiva. Em geral, temos ideias fixas sobre o que está acontecendo conosco, por isso o reposicionamento é a técnica mais difícil, porque significa ser capaz de romper com essas fixações em diferentes situações.

Sem dúvida, qualquer uma dessas técnicas de reformulação de emoções é muito poderosa para controlar o que você sente e evitar sobrecarregar seu sistema límbico. Muitos estudos mostram que as pessoas que fazem uso da reformulação vivem com um maior bem-estar. Vamos reformular!

## Emoção contra sentimento

Se pensarmos por um momento, concluiremos que nenhum aspecto de nossa vida mental é mais importante do que as emoções para a qualidade e o significado da nossa existência. As emoções fazem a vida valer a pena e às vezes também, infelizmente, que ela chegue ao fim. Por esse motivo, existem muitas disciplinas concentradas nesses fenômenos, da filosofia à neurologia, psicologia, biologia evolutiva e até economia.

Desde a época dos gregos antigos, os humanos têm a tendência de separar a razão da paixão, o pensamento do sentimento, o cognitivo da emoção. Platão disse que paixões, desejos e medos fazem que seja impossível pensar. Até mesmo nossos sistemas jurídicos tratam os crimes passionais de maneira diferente de outros tipos de crimes, como os premeditados. A emoção é, portanto, provavelmente o fenômeno humano mais pessoal e, às vezes, idiossincrático. Expressa o que o mundo significa para nós individualmente e às vezes determina um bem-estar subjetivo.

As emoções parecem sentimentos conscientes, mas na verdade são respostas fisiológicas a diferentes estímulos. Como vimos, eles foram concebidos para nos afastar o máximo possível das circunstâncias amedrontadoras ou para nos aproximar de situações que possam nos trazer alguma recompensa ou satisfação. As emoções são geradas continuamente e, na maioria das vezes, não temos consciência delas. No cérebro, há uma espécie de trânsito de ida e volta entre o límbico e o córtex; isto é, razão e emoção tentam conversar de alguma forma. Graças a essas conexões, podemos sentir muitas emoções de maneira consciente, mas também por ser uma via de mão dupla, nossos pensamentos conscientes podem e afetam nossas emoções. Quando dizemos que estamos "esquentando a cabeça", manifestamos que, com nossos pensamentos, exageramos, digamos, de maneira artificial, o que sentimos. Se for levada ao extremo, essa situação pode levar a ataques de pânico, por exemplo. Cada emoção é produzida por uma rede diferente em diferentes partes do cérebro, incluindo o hipotálamo e a glândula pituitária. Estes últimos controlam a produção de hormônios, que produzem reações físicas, por exemplo, aumento dos batimentos cardíacos ou contrações musculares.

Esse sistema límbico que gera o comportamento emocional é, em maior grau, conservado em muitas e diferentes espécies ao longo da história evolutiva. Todas elas, incluindo a nossa, devem satisfazer certas condições para sobreviver no mundo. Alcançar esse imperativo biológico significa ser capaz de transmitir nossos genes por diferentes gerações. No mínimo, precisamos obter alimentos, nos proteger do clima e do meio ambiente e procriar. Isso é verdade para insetos, vermes, peixes, ratos, sapos, pessoas. Todos esses animais ou essas espécies possuem sistemas neurais que se dedicam a tentar atingir estes objetivos. E aqueles que têm coluna vertebral — peixes, anfíbios, répteis, pássaros e mamíferos — têm sistemas neurais dedicados ao comportamento emocional.

Como vimos, as respostas emocionais costumam ser inconscientes. Freud estava certo quando disse que a consciência é apenas a ponta do *iceberg* mental. Pensamos as emoções como uma **experiência** consciente. No entanto, quando realmente estudamos as emoções no cérebro, vemos que essas experiências emocionais conscientes são apenas uma parte, mas não necessariamente a função central, do sistema que as gera. Por exemplo, do ponto de vista de uma pessoa que ama, a única coisa importante sobre o amor é esse sentimento. Mas do ponto de vista de tentar entender o que é esse sentimento, por que acontece, de onde ele vem e por que algumas pessoas o recebem e são capazes de externá-lo mais do que outras, o amor, como um sentimento, pode não ser central ou muito importante para o sistema emocional do cérebro.

Em suma, as emoções podem ser óbvias para nós quando as sentimos, mas, ao mesmo tempo, misteriosas. Talvez sejam os estados do nosso cérebro que entendemos e conhecemos melhor. No entanto, muitas vezes os sentimos e não entendemos por que estão ali, de onde vêm. Elas podem aparecer lenta ou repentinamente, podem ser extremamente óbvias ou opacas. Não podemos entender por que acordamos com frequência de mau humor pela manhã. Embora as emoções estejam no centro de quem somos, muitas vezes parecem ter sua própria agenda; elas nos levam, nos trazem e nos fazem sentir coisas, sem entendermos bem o porquê. Sem dúvida, é difícil imaginar uma vida sem emoções. Vivemos para elas e procuramos estruturar as circunstâncias de nossa vida para termos momentos de alegria e felicidade e, claro, evitar ficar angustiados, tristes, decepcionados ou com dor.

### Técnica: os extremos opostos

Pense e escreva seu desafio criativo.

Escreva o que aconteceria se você tivesse todos os recursos do mundo: dinheiro, tempo, pessoas, máquinas, o que for.

Anote o que aconteceria se você não tivesse recursos e o que faria nesse caso.

Experimente combiná-los para ver o que aparece.

Exemplo:

Desafio criativo: chegar mais rapidamente ao local de trabalho.

Todos os recursos: vou de helicóptero e aterrisso no telhado do meu escritório.

Nenhum recurso: vou andando, não tenho dinheiro, então tenho de sair duas horas antes do meu horário de entrar no trabalho.

Combinação: ................................................

Os cientistas não estão de acordo com uma definição universal sobre as emoções. Estas podem ser definidas e caracterizadas de várias maneiras, exclusivas ou não exclusivas. Uma forma simples de descrever as emoções é considerá-las estados do corpo que se originam de recompensas e punições. As recompensas, sem dúvida, têm uma conotação positiva e representam todas as coisas que as pessoas, e às vezes os animais, tentam obter cada vez mais e se empenhar. Em vez disso, as punições representam algo que vale a pena evitar. Somente quando as pessoas estão cientes de suas emoções, elas experimentam o que chamamos de sentimentos. Esse reconhecimento das emoções de cada um é um aspecto importante de nossa consciência. Alguns cientistas dizem que elas são simplesmente respostas que evoluíram como parte da dificuldade de sobreviver neste mundo. Muitos descrevem as emoções como estados mentais que resultam de nossa capacidade de reconhecer o que acontece do lado de fora, em nosso ambiente. Outros pensam que são construções sociais. Em suma, todos pensamos saber do que estamos falando quando se trata de emoções, mas não parece fácil defini-las. Uma ideia muito popular de classificação de emoções é por meio de um conceito bipolar, de valência (positiva ou negativa) e excitação (agradável ou desagradável), que depende da intensidade da emoção. Hoje, as pessoas vivenciam a maioria de suas emoções (culpa, vergonha, gratidão, ciúme) dentro de um contexto social. O mais importante sobre **as emoções** — muitos não sabem disso — é que todas conduzem a uma ação, **direcionam nosso comportamento**.

O doutor Ledoux demonstrou, na década de 1990, que a amígdala é a guardiã das emoções no cérebro. Ela tem a capacidade de armazenar na memória as diferentes emoções que experimentamos ao longo de nossa vida, sem ter consciência do que estamos fazendo. A relação direta e rápida entre o tálamo e a amígdala permite que esta receba imediatamente todos os sinais processados pelos sentidos. Esse imediatismo permite que a amígdala inicie certas respostas antes que todas as informações sejam compreendidas ou analisadas pelo córtex. Isso significa que, no processo de registro das emoções, a amígdala recebe todos os estímulos por meio de uma espécie de via rápida, que produz reações quase instantâneas e automáticas, como rir, lutar, correr, chorar. Um quarto de segundo depois, essa informação chega ao córtex, onde ela é avaliada de forma mais delicada, em seu contexto, para que se elabore um plano de ação racional. Se a avaliação feita pelo córtex corresponder às reações instantâneas provocadas pela amígdala, o corpo continuará com elas. No entanto, se essa análise racional indicar que é mais adequado responder de forma diferente — por exemplo, verbalmente, não fisicamente —, então o córtex envia mensagens ao hipotálamo para acalmar a situação, ou seja, para "desligar" a amígdala. Diferentes técnicas confirmaram em 2004 que a amígdala é a área onde ocorrem os sentimentos de medo e raiva. A amígdala gera as duas respostas típicas ao medo: ficar quieto ou correr. Isso geralmente acontece quando estamos em uma situação de vida ou morte, e nosso senso de sobrevivência emerge mais forte do que a razão. Se nos assaltam e saímos correndo, não estamos sendo muito racionais, pois corremos o risco de levar um tiro. A amígdala também é construída de tal forma que temos um medo "natural" de certos estímulos; por exemplo, quando um pássaro voa muito perto de nós, ou diante de uma aranha ou uma cobra.

Algumas emoções parecem existir desde o momento em que nascemos; fica evidente quando você vê que as crianças podem rir e chorar assim que nascem. Outras emoções parecem ser aprendidas, como a culpa, que requer um condicionamento social por meio de um *feedback* negativo.

A maioria dos cientistas reconhece de quatro a seis emoções básicas: medo, raiva, tristeza, alegria e, posteriormente — foi o pesquisador Damasio que as acrescentou —, surpresa e repulsa. As emoções também melhoram a memória. Aparentemente, a memória é gravada de maneiras diferentes, dependendo de haver ou não um conteúdo emocional. Memórias ou lembranças simples, sem conteúdo emocional, são essencialmente gravadas no hipocampo. No entanto, aquelas acompanhadas de conteúdo emocional são processadas principalmente na amígdala.

Uma teoria desenvolvida há alguns anos na Universidade de Illinois explica que nosso cérebro tem uma espécie de *set point* emocional. Todos nós temos um ponto de equilíbrio em nossos estados emocionais, que nos delimita um nível básico de tristeza, um nível básico de felicidade, e assim por diante. Há eventos que empurram cada um desses pontos de equilíbrio para cima ou para baixo. Contudo, às vezes, as pessoas voltam para a base, para o ponto de equilíbrio. Em geral, pessoas mais negativas têm estados emocionais mais negativos; essas pessoas são mais pessimistas, mais ansiosas e tentam evitar outras pessoas. E aquelas que tendem a estados positivos costumam ser mais ativas, extrovertidas e confiantes. Algumas varreduras cerebrais revelam que esses dois grupos de pessoas reagem de maneira diferente às emoções de outros indivíduos. Por exemplo, quando lhes mostram fotos de pessoas assustadoras, isto provoca reações muito mais fortes na amígdala de pessoas pessimistas, enquanto fotos de pessoas sorridentes provocam a reação oposta em pessoas otimistas.

Como estamos em constante evolução e progresso, podemos prever que tipo de mudanças podem ocorrer em nosso cérebro, observando o que acontece com a evolução dos cérebros de outras espécies. Hoje sabemos que a amígdala tem mais influência no córtex do que este tem na amígdala. Portanto, em certos momentos, as emoções dominam e controlam o pensamento. Observou-se no estudo dos mamíferos que os sulcos neuronais que vão da amígdala ao córtex são muito mais marcados do que aqueles que vão do córtex à amígdala. Sabemos que os pensamentos podem desencadear facilmente certas emoções, e fazem isso por meio da ativação — como você deve imaginar — da amígdala. No entanto, também sabemos que não somos muito bons em desligar as emoções dos pensamentos, isto é, em desativar a amígdala. Por exemplo, dizer a nós mesmos que precisamos diminuir nosso nível de ansiedade ou ficar menos deprimidos não ajuda a fazer isso acontecer. As conexões corticais com a amígdala são muito maiores nos primatas do que em outros tipos de mamíferos, e isso sugere a possibilidade de que essas conexões continuem a se expandir, ou seja, que o córtex tenha cada vez mais controle sobre a amígdala. Nesse caso, os futuros humanos seriam mais capazes de controlar suas emoções. Mas esta é apenas uma possibilidade. Se esses novos caminhos nervosos em algum ponto atingirem um equilíbrio, é possível que esses problemas entre pensamento e emoções possam ser resolvidos por meio de uma integração mais harmoniosa entre razão e paixão. Em outras palavras, com o aumento da conectividade entre o córtex e a amígdala, o cognitivo e o emocional podem começar a trabalhar juntos, não como fazem agora que são sistemas mais separados.

### Técnica: Mudando uma palavra

Anos atrás, a Toyota sugeriu a seus funcionários que pensassem em como poderiam ser mais produtivos. A gerência recebeu pouquíssimas ideias. Posteriormente, eles reformularam a pergunta: Como eles podem tornar seu trabalho mais fácil? A administração foi inundada com novas ideias.

Pequenas mudanças ao reformular uma pergunta podem levar a grandes mudanças.

Às vezes, mudar uma única palavra ou mudar a ordem das palavras em um desafio criativo pode estimular a sua imaginação, acrescentando outras dimensões de significado.

Determine o seu desafio.

Identifique as palavras-chave e altere-as pelo menos cinco vezes. É sempre mais fácil mudar o verbo.

Exemplo:

O desafio criativo é: "Como posso trabalhar em menos tempo?"

Eu mudo uma palavra: Como posso viajar em menos tempo, como posso comer em menos tempo, como posso dormir menos tempo, e assim por diante.

Dê ideias para os novos desafios que surgirem ao mudar uma palavra.

Associe essas ideias ao seu desafio original.

### Técnica: Duas palavras

Escreva a essência do seu desafio em duas palavras.

Por exemplo, se o seu desafio é "como posso melhorar a venda dos meus sorvetes", as duas palavras essenciais são "venda" e "sorvete".

Separe o desafio em duas unidades: a venda e os sorvetes.

Escolha dois atributos para cada uma dessas unidades.

Por exemplo: vendas *on-line* e vendas na loja; sorvetes cremosos e sabores do sorvete.

Escolha dois atributos de cada atributo original.

*On-line*: por *e-mail* ou pela *web*. Na loja: pagar no caixa ou no balcão.

Cremoso: espesso e meloso. Sabores: frutas ou chocolate.

Você pode continuar dividindo esse atributo em dois até achar que tem informações suficientes para trabalhar.

Desta forma, você divide seu desafio em peças separadas. Ao fazer isso, você começará a ver um novo material que foi ou é parte de outra coisa e tentará remontar essas peças de uma maneira original.

Se você se sente triste, seus pensamentos são diferentes de quando você se sente feliz. Se você se sentir rico e bem-sucedido, seus pensamentos também serão bem diferentes do que se você se sentir pobre e malsucedido. O mesmo acontece quando você se sente criativo, suas ideias são diferentes de quando você sente que não é. Se você estiver dirigindo por uma autoestrada e de repente o indicador de reserva de combustível acender para alertá-lo de que você está com pouca gasolina, você vai parar no próximo posto de gasolina e abastecer. Um indicador negativo está mostrando algo que pode acontecer com você, já que não é bom ficar sem combustível. Você não ignora aquele aviso, você não congela, mas estaciona e reabastece. Depois de encher o tanque, você não perde tempo olhando para o medidor de combustível enquanto dirige. Você não permite que aquela agulha monopolize seus pensamentos constantemente. Se você fizesse isso, você estaria dirigindo de forma irregular e isso poderia ser perigoso. O mesmo acontece com os pensamentos negativos ou estar o tempo todo com dúvidas, com incertezas, com medo; constantemente percebendo ameaças. Se elas monopolizam seu dia ou sua vida, é muito difícil ser criativo. Esta é uma reflexão sobre emoção e percepção:

> Pessoas com pontuações mais altas em uma escala de felicidade padrão resolvem 25% mais desafios criativos do que aquelas que se sentem chateadas ou irritadas. O humor positivo permite que você relaxe mais, o que faz que você se concentre menos nos problemas do mundo e associe melhor os conceitos remotos. No entanto, um pouco de melancolia aguça sua atenção, permitindo que você fique mais focado no que lhe interessa, por mais tempo. Vários estudos mostram que alguns escritores muito famosos têm oito vezes mais probabilidade do que a população em geral de sofrer de alguma forma de depressão severa. Não é que artistas de sucesso sejam um pouco loucos, mas, aparentemente, são mais tristes.

## Percepções e emoção

> Tornar o simples complicado é normal; tornar o complicado simples, tremendamente simples, é que é criatividade.
>
> Charles Mingus

Há algum tempo me contaram a história de um pigmeu que pela primeira vez foi levado de carro para as planícies africanas, saindo de sua densa selva. Enquanto viaja, ele observa um inseto à sua frente. À medida que o carro avança, ele fica surpreso ao ver como o inseto cresce cada vez mais. Totalmente desorientado, ele pergunta ao motorista que inseto mágico é aquele. O motorista diz a ele que não se trata de um inseto, mas que estavam se aproximando de um búfalo. As percepções dominantes do pigmeu levaram-no a pensar que aquele búfalo era um inseto que crescia, pois a percepção de um mundo de insetos na selva predominava em seu cérebro.

Todas as nossas percepções dominantes influenciam o nosso comportamento e as nossas ideias. Nossas conexões neurais são responsáveis pela forma como olhamos e entendemos o mundo. Essas estruturas são como uma rede de significados que nos ajudam, graças às nossas percepções, a compreender quais são as coisas possíveis que vemos. Eles também nos fornecem regras que moldam nossas **interações** com o mundo em geral. Esses circuitos são originados por uma combinação de elementos genéticos que herdamos e por nossas experiências de vida.

O ambiente físico também afeta muitíssimo as estruturas neurais. Nosso amigo pigmeu estava acostumado a viver e enxergar à sua frente apenas poucos metros adiante, devido à grande densidade da floresta. Sua habilidade de perceber foi equipada para que ele pudesse entender a situação de que precisava em sua vida, em seu ambiente físico, não nas planícies, não vendo búfalos. As culturas nas quais crescemos são expostas e afetadas pelo que nós, humanos, construímos como paradigmas. Todo tipo de grupo, profissão ou disciplina tem seus pressupostos da realidade. O que é possível, o que é aceitável, o que é valioso, e assim por diante. Temos esses paradigmas embutidos em nós, e eles são transmitidos a outras gerações por meio da cultura e das tradições, aniversários, funerais, casamentos, cerimônias, assistir futebol aos domingos e assim por diante. Amigos, família, colegas de trabalho, escola ou faculdade, ou professores também têm uma grande influência em nossas percepções. Compartilhar visões de mundo semelhantes facilita a comunicação com os outros, pois compartilhamos um mesmo sentido, um mesmo significado.

Enquanto estivermos muito apegados a esses paradigmas, seremos cegos ao avaliar outras visões do mundo, outras possibilidades, outras percepções, soluções ou ideias. Este é um problema para a criatividade. **Todas as nossas pressuposições nos impedem de seguir em frente, de pensar de forma diferente ou ser mais criativos**. Estar ciente disso é um excelente primeiro passo para começar a alterar essas pressuposições, essas premissas, e pensar fora da caixa.

### Ideias preconcebidas

Estamos cheios de ideias preconcebidas e estas podem bloquear a criatividade.

Exercício: Dê nomes diferentes a cinco coisas que já têm nomes.

Por exemplo, chame a música de "sons voadores"; chame a nuvem de "fumaça branca flutuando no alto" e assim por diante.

Exercício: Suponha que você seja uma câmera fotográfica.

Ande com os olhos fechados pela casa ou por onde você estiver, obviamente sem bater em nada.

Pare onde você quiser.

Abra e feche os olhos por um segundo como se fosse a lente de uma câmera.

Olhe para o que está à sua frente sem qualquer ideia preconcebida.

Guarde as impressões que você está vendo em séries rápidas de um segundo. Isso permitirá que você veja algo pelo que realmente é, sem ser filtrado por suas expectativas.

*Quando enfrentamos um novo problema, é vital para o processo criativo aprender a reduzir as ideias preconcebidas.*

Uma das razões pelas quais nossas pressuposições são tão fortes e podem nos influenciar tanto são as nossas emoções. Como vimos no início desta seção, as reações emocionais a diferentes circunstâncias e vários cenários às vezes são ativadas rapidamente pelas percepções ou interpretações específicas que estamos experimentando. Por exemplo, se não conseguimos nos concentrar para escrever um relatório no trabalho, ficamos muito frustrados e pensamos que nunca conseguiremos fazer isso. Se, na rua, um estrangeiro nos pergunta alguma coisa em um idioma que não conhecemos, ficamos bravos por não entendermos. Se alguém que se veste de modo diferente de nós se aproxima, sentimos medo dele. Percebemos situações como perigosas quando na realidade não são. Começamos a fantasiar e a atribuir significados ou sentidos altamente exagerados às nossas experiências, muitas vezes sem nos importar ou perceber o quanto a circunstância é apropriada ou clara. Nossas histórias anteriores vão alimentar as emoções do momento. Em outras palavras, uma resposta emocional pode provocar uma resposta intelectual que perpetua essas emoções em um piscar de olhos. Um simples gesto pode ser interpretado como algo contra nós.

No entanto, essas respostas emocionais, por meio do nosso inconsciente, ajudam a manter certo equilíbrio; elas nos darão energia para correr ou lutar se alguém realmente nos atacar. Contudo, no mundo em que vivemos hoje, essas energias são rapidamente ativadas por situações que realmente não representam nenhuma ameaça real. Essas emoções desencadeadas inconscientemente por qualquer situação nos levam a exagerar nossas percepções. Para evitar isso, **deveríamos começar a desenvolver um relacionamento mais consciente com nossas emoções**. Deveríamos tentar conhecê-las cada vez mais e entender o que estão nos dizendo, o que querem nos dizer. Não devemos esquecer que **os grandes criativos da humanidade foram e são aqueles que reconhecem conhecer-se a si mesmos muito bem**.

Temos a tendência de interpretar e reagir de forma exagerada às coisas. Por que não desacelerar, respirar fundo e tentar colocar as circunstâncias reais em perspectiva?

### Ideias preconcebidas podem ser desastrosas para o processo criativo porque limitam nosso olhar sobre o desafio

Pergunte a si mesmo: as suas ideias preconcebidas sobre seu desafio criativo estão limitando artificialmente suas opções? Isso pode acontecer por causa dos resultados de alguma experiência passada, algo que seu pai lhe contou, que você ouviu em uma reunião, que você está tentando evitar.

Também existem explicações biológicas para essas reações exageradas. As conexões neurais tornam-se cada vez mais fortes à medida que repetimos as experiências. Quanto mais estamos expostos a algo ou a alguém, mais intensa é a associação que fazemos em nosso cérebro com isso. Donald Hebb explica que, quanto mais um grupo de neurônios é ativado ao mesmo tempo, mais eficiente é a sinalização entre esses neurônios. Quando você passa graxa na dobradiça de uma porta, ela abre e fecha cada vez melhor. Qualquer nova experiência simplesmente vai reforçar o que já sabemos, o que é conhecido, o que é familiar. Por essa razão, evoluímos para gostar mais do que é familiar e da segurança que isso nos proporciona; do outro lado, está o medo do desconhecido. Nossas bases neurológicas são responsáveis pelas tensões que podem surgir entre pessoas com diferentes pontos de vista ou modos de ver a vida. Em nossa luta para sobreviver como humanos, parece que escolhemos que atingir a estabilidade entre nós e o meio ambiente era a melhor maneira de sobreviver. Quando esse equilíbrio é rompido, por um costume, crença ou tradição diferente ou por uma mudança no ambiente físico, nos sentimos incomodados e ameaçados. Nesse momento aparecem nossos preconceitos.

É por isso que é tão difícil sair da norma, ser criativo, uma vez que muito de nossa biologia diz que devemos permanecer apegados ao que conhecemos. Se estivermos acostumados com um determinado processo, método, maneira de lidar com problemas ou algo padrão para o sucesso, ficaremos **desconfortáveis** quando algo novo aparecer. A mesma coisa acontece com nossas ideias e nossos comportamentos. Quando o mundo externo não concorda com o mundo interno, temos uma reação biológica que exige que mudemos nosso ambiente ou mudemos nossas estruturas internas; a maneira como as coisas são e como elas deveriam ser. Por isso é tão difícil pensar diferente, já que temos essa propensão biológica de ficar sempre com o que é familiar para nós. Ser criativo é um desafio completo. Mas é possível.

---

Tentar ser alguém brilhante e produtivo sem mudar os hábitos e as estruturas básicas de sua vida é um esforço inútil.

---

## Da ansiedade ao medo

Sentir frio na barriga antes de aparecer para uma plateia não é nada especial. No entanto, às vezes as ansiedades do dia a dia podem se transformar em medos intensos e paralisantes, chamados fobias. Se essas fobias não forem tratadas, esses medos podem impedi-lo de aproveitar as coisas que alimentam o dia a dia da sua vida. Para alguém que vê de fora a causa de seu medo pode não parecer uma ameaça real, mas o medo que você sente quando o experimenta é tão real quanto a própria ameaça.

Essas fobias — como medo de altura, de espaços abertos, de aranhas ou de falar em público — geralmente começam na infância ou adolescência, embora muitos que sofram delas não consigam se lembrar de um gatilho específico. Elas também parecem ter algum componente genético. Atualmente, a terapia comportamental parece ser um dos tratamentos mais eficientes para reduzir e eliminar essas fobias. Os terapeutas comportamentais às vezes usam drogas que bloqueiam o medo, de modo que seus pacientes possam primeiro enfrentá-lo lentamente e depois superar gradualmente seus medos sem a necessidade de medicação. Parece que a exposição repetida e controlada às causas do medo, sem consequências negativas, o enfraquece. Pequenos passos são cruciais. Para tratar seu medo de altura, por exemplo, um terapeuta pode começar mostrando uma fotografia tirada do telhado de um prédio baixo. Gradualmente, conforme você fica mais confortável, o terapeuta aumenta a intensidade da exposição em um ambiente controlado. Ele pode pedir a você, por exemplo, que imagine uma varanda e, depois, levá-lo a lugares altos, mas em segurança, para que fique lá um tempo. Gradualmente, a ansiedade diminui, e a fobia desaparece.

## Ira

O domínio da ira tem como objetivo controlar as reações físicas causadas pela ativação dessa emoção. Isso não muda a causa ou a capacidade que a ela tem de irritá-lo. Evite o conselho desacreditado de outra pessoa para que você "relaxe". Foi demonstrado que é contraproducente para os relacionamentos e para a saúde mental reprimir a ira, como um vulcão que jorra lava. O controle da ira reduz o impacto da emoção em seu corpo e permite que você domine sua experiência. Existem livros dedicados ao controle da ira. De modo particular, eles se baseiam nas seguintes etapas:

- Respire profundamente a partir do abdome; repita uma frase ou palavra tranquilizadora, como "relaxa", enquanto respira; visualize uma cena tranquila, como uma planície ou uma paisagem montanhosa; faça movimentos suaves e que aliviem o estresse.
- Use a imaginação; visualize uma experiência relaxante, como estar deitado em uma rede.

- Lembre-se de que agir com base em sua ira ou irritação não resolverá seus problemas. Somente a ação deliberada e calculada pode fazer isso. Aprenda a se comunicar melhor com as pessoas ao seu redor. Escute. Fale com calma. Reveja a sua situação e use um vocabulário positivo para descrevê-la. Em vez de praguejar e dizer que não há esperança em sua vida, olhe para a situação de uma maneira lógica. Convença-se de que as coisas não são tão terríveis e que você vai conseguir superá-las. O córtex fala com o límbico, a razão fala com sua emoção. Reformule, como vimos no início desta parte do livro.

### Isso me irrita

No início dos anos 1900, as pessoas ficavam incomodadas por ter de cortar o próprio pão. Otto Frederick Rohwedder dedicou dezesseis anos de sua vida para inventar uma máquina automática de cortar pão, na qual investiu todo o seu dinheiro. Otto acabou falindo porque a indústria não estava interessada em comprar sua máquina. No entanto, trinta anos depois, outra empresa, a Continental, adaptou a máquina e batizou-a de Wonder Bread. Naquele ano, 80% dos pães vendidos foram em fatias. Otto disse que não foi o dinheiro que o estimulou a criar algo novo, mas o simples fato de ter de cortar o próprio pão.

Muitas vezes, as ideias se desenvolvem por causa de coisas que nos incomodam. Escreva uma lista de todas as coisas que o incomodam. Escolha alguns desafios que possam ser muito interessantes.

## Medos criativos

Nós evoluímos com certas características que possibilitaram que nossos ancestrais formassem grupos, desenvolvessem novas tecnologias e derrotassem seus predadores. Em certas situações, o medo é inegavelmente uma ferramenta muito útil. Se você está no telhado de um prédio de vinte andares de frente para o abismo, um pouco de medo fará você dar dois passos para trás. Ficar de mãos dadas com a minha filha esperando para atravessar uma grande avenida vai me fazer segurá-la com mais força. Esses tipos de medos foram e são cruciais para nossa sobrevivência. No entanto, existe outra classe de medos que, ao ditar seu comportamento, levará você a realizar ações ou tarefas abaixo de sua eficácia natural. Com frequência, por medo do que "poderia ser", a criatividade é inibida. "Vamos fazer o que é seguro", dizemos a nós mesmos. Aumentam as consequências potenciais, muitas vezes irreais, de cometer um erro que, em nossa opinião, será fatal e, para evitá-las, fazemos um trabalho medíocre. Às vezes, esses medos começam no nosso ambiente; por exemplo, se um chefe nos disser "se você não fizer isso direito, vou demiti-lo". Na maioria das vezes, porém, nossos próprios medos de nos destacarmos, para o bem ou para o mal, ou de sermos negligenciados por amigos ou colegas têm um papel fundamental.

---

A comodidade é inimiga da grandeza. Quando você escolhe a comodidade, está optando por ser menos eficiente em sua vida.

---

Em geral, quando pensamos no medo criativo, queremos dizer o medo do fracasso. Não queremos estragar o que estamos fazendo, então corremos menos riscos. Fazemos algo há muito tempo e aprendemos a fazer de uma forma aceitável, sem riscos. **Todo trabalho criativo é resultado de ter assumido riscos**. Devemos olhar além de nossas circunstâncias atuais e correr o risco de que o que fazemos pode dar errado. Como diz o autor Peter Block: "Viver nas margens e não no centro". Esse medo não é infundado. Se tentarmos ir além do conhecido, inevitavelmente, outras pessoas vão acreditar que nossas ideias são ruins. Isso parece uma ameaça para nós, e nosso cérebro mais primitivo, como já vimos, nos distancia constantemente das ameaças e nos aproxima do familiar, do conhecido, do seguro. Afinal, os animais que se afastam de seu grupo são os primeiros a ser comidos por seus predadores. Você tem de **aprender a identificar e evitar os impulsos de nosso instinto de sobrevivência**. Isso exige que você esteja ciente e muito atento ao que está fazendo e que aprenda a disciplina de assumir riscos calculados. Você pode aprender isso começando a correr riscos em coisas que não exigem muita eficiência, onde não há pressões externas ou onde os resultados não são muito importantes.

Pergunte a si mesmo: como o medo do fracasso restringe sua criatividade? Quando você se recusa a correr riscos na sua vida, no seu trabalho? Quais são as consequências percebidas que o paralisam? Você acha que elas são reais ou imaginárias?

Outro medo, mais inconsciente, que muitas pessoas têm diante dos desafios criativos é o do sucesso; um tipo de paranoia que nos sussurra que não seremos capazes de continuar tendo um bom desempenho ou que não seremos capazes de estar à altura da ocasião quando tivermos de pôr em prática nossa ideia criativa. Isso nos faz hesitar em enfrentar nossos desafios totalmente, pois não queremos lidar com as consequências do sucesso. Muitas pessoas lutam a vida toda contra esse tipo de medo, pensando que tudo o que fizerem estará de fora de suas possibilidades. Elas se sentem como jogadores de futebol amadores (sem desmerecer) que poderiam estar jogando na liga profissional (no meu time preferido, por exemplo). Esses impulsos sutis, mas destrutivos, nos impedem de crescer. Embora crescer nos faça nos sentir um pouco desconfortáveis, sem o desconforto, a capacidade de desenvolvimento não se mantém, mas diminui. Se não crescemos, morremos. Por isso, o medo do sucesso às vezes é mais destrutivo do que o medo do fracasso, pois se esconde sob a máscara da sensatez; parece ser nosso amigo, ou que estamos adotando uma atitude madura, mas tudo o que ele faz é ser a causa de oportunidades perdidas.

Pergunte-se: você está deixando de ser criativo por medo de não ser capaz de continuar sendo por muito tempo?

Você já bloqueou uma ideia por medo das consequências? Você não se importa e não se preocupa com o sucesso na sua vida ou na sua profissão?

## Estresse

Uma das grandes dificuldades com o estresse é que é difícil detectar quando alguém está sofrendo com ele. Para alguns, o paraquedismo é divertido, e outros entram em pânico só de pensar nisso. Embora a medição do cortisol seja uma ferramenta amplamente usada, não existe um único conjunto de respostas fisiológicas que mostre a um pesquisador se alguém está sofrendo estresse. Muitos dos mecanismos que nos estressam quando vemos um predador também são acionados no cérebro quando estamos fazendo sexo ou saboreando um sorvete de caramelo. Um estado de excitação fisiológica é característico de ambos: o estresse e o prazer. No entanto, de acordo com o especialista David Diamond, podemos dizer que ficamos estressados se as três seguintes situações acontecerem simultaneamente:

1. *Deve haver uma excitação fisiológica mensurável por um terceiro.* Quando Ariel "El Burrito" Ortega fez que o expulsassem na partida contra a Holanda, na Copa do Mundo de 1998 na França, pude ver (sou o terceiro) no estádio de Marselha que alguns torcedores argentinos gritavam e choravam descontrolados enquanto colocavam as mãos na cabeça, transpirando litros de suor.

2. *O estímulo causador do estresse deve ser percebido como aversivo.* Pergunte a si mesmo: se você pudesse diminuir os níveis de gravidade que essa experiência lhe causa, você faria isso? Se a resposta for sim, então esse estímulo é aversivo. Era óbvio que os torcedores preferiam que Ortega continuasse no campo. Sua expulsão foi um estímulo aversivo.

3. *Você sente que não tem controle sobre o estímulo que o está excitando fisiologicamente.* Quanto menos controle, mais grave é o estresse percebido. O controle do comportamento de Ortega ou do cartão vermelho do árbitro estava longe do nosso alcance como torcedores.

Esses três componentes, ao trabalharem juntos em nosso corpo, produzem uma situação de estresse.

Quando o seu sistema sensorial detecta perigo, além de elevar sua frequência cardíaca e pressão arterial, o hipotálamo secreta grandes quantidades de adrenalina. Isso permite a liberação de grande energia para correr ou lutar. Um hormônio menos conhecido, e que já mencionamos, o cortisol, também é secretado nessas situações, embora pelas glândulas suprarrenais. Sem este sistema rápido, flexível e altamente regulado para responder aos perigos, nós morreríamos. Mas nosso sistema, para responder a situações estressantes, foi sendo formado para resolver problemas em segundos, não em anos. Foi especialmente concebido para que os músculos se movam o mais rápido possível diante de algum perigo. Hoje, os estímulos estressantes não são tão parecidos como ser perseguido por um leão durante alguns segundos; são horas, dias e anos nos locais de trabalho, problemas financeiros, famílias infelizes e assim por diante. Nosso sistema não foi construído para suportar esta atualidade humana com eficiência. Poucas quantidades de cortisol começam a se acumular em abundância e sua circulação pelo sangue passa de minutos a meses, quando se tornam verdadeiros tóxicos. Dessa forma, um sistema **requintado** é desregulado o suficiente para afetar sua atividade de trabalho. Por tudo isso, pessoas que sofrem de estresse crônico adoecem até três vezes mais e, claro, o risco de sofrerem de problemas cardíacos é maior. Além disso, um dos efeitos mais desagradáveis do estresse prolongado é que ele leva à depressão. Um estudo garante que cerca de 800 mil pessoas cometem suicídio a cada ano por causa estados de depressão profunda. Das despesas médicas nos países desenvolvidos, 80% estão relacionadas ao estresse. Dos funcionários das empresas, 77% afirmam ter passado por um estado em que não conseguem "dar mais de si", de estarem "esgotados", fato que se traduz em muito cortisol, muitas faltas a reuniões e muitas consultas médicas.

Com níveis elevados e prolongados de estresse, portanto, ocorre uma exposição prolongada ao cortisol. Diferentes estudos mostram que isso é prejudicial ao cérebro por danificar o hipocampo, dificultando a capacidade de armazenar memórias e aprender coisas novas, essenciais para a nossa criatividade. Pessoas estressadas se saem mal em matemática, não processam a linguagem corretamente, têm memória fraca (de curto e longo prazo), não conseguem adaptar informações antigas a novos cenários, concentram-se menos e têm pior desempenho. Parece que um local de trabalho ou ambiente familiar estressante é formado pela combinação de que esperam muito de você e, ao mesmo tempo, você não tem controle pleno para se desenvolver de forma eficaz. O estresse na família afeta seu trabalho e vice-versa, retroalimentando-se e sendo cada vez mais destrutivo.

A melhor forma de administrar seu estresse é manter o máximo controle sobre a sua vida. Para amortecer o impacto do estresse, é necessário reduzir os níveis de cortisol. Alguns métodos comprovados para conseguir fazer isso são:

- Desacelere os seus pensamentos com meditação.
- Exercícios de respiração e ioga.
- Mantenha laços com familiares e amigos próximos.
- Pratique o ato de rir; o riso aumenta o oxigênio inalado e libera endorfinas.
- Esteja sempre descansado; ficar muito cansado pode aumentar o nível de estresse, mas dormir o diminui.
- Faça exercícios; a atividade física reduz o estresse.

## Corre, corre

> Correr, para mim, além de ser um exercício proveitoso, também tem sido uma metáfora útil. Conforme eu corria dia após dia ou participava de corridas, eu subia o nível das minhas metas e, conforme as atingia, quem estava subindo era eu.
>
> Haruki Murakami

Já vimos que um bom estado de espírito está associado a mais *insights*. Também se diz *mens sana in corpore sano*.

Embora ainda haja muita controvérsia sobre a história da evolução, qualquer antropólogo ou paleontólogo do planeta aceita um conceito sem hesitar: sempre estivemos em movimento. Em vez de ficarmos indo da árvore ao chão e do chão à árvore, dependendo do clima reinante, estávamos nos movendo em duas direções, cruzando o planeta de ponta a ponta em busca de um lugar melhor para viver. Isso significava caminhar muito, acredita-se que entre dez e vinte quilômetros por dia para os homens e entre cinco e dez para as mulheres. Nosso cérebro moderno se desenvolveu enquanto realmente estávamos nos exercitando, éramos como maratonistas. Estou me referindo a cem mil anos atrás, quando começamos a sair da África e chegamos, por exemplo, à Argentina, há cerca de doze mil anos. Atravessamos rios, desertos, selvas, montanhas, oceanos. Nossos ancestrais estavam o tempo todo procurando por novas fontes de alimento, diferenciando quais eram predadores e quais eram perigos físicos. Esses dados sugerem que nos desenvolvemos e crescemos com um estado físico muito importante. O movimento era uma presença constante nos humanos. Podemos pensar que toda a nossa capacidade cognitiva, incluindo a criatividade, se desenvolveu enquanto mantínhamos uma atividade física intensa.

Atualmente, um dos grandes determinantes do envelhecimento saudável é a ausência de uma vida sedentária. Tudo indica que o exercício melhora o sistema cardiovascular e reduz o risco de doenças, como ataques cardíacos e derrames cerebrais. Além disso, a condição física realmente influencia os resultados de qualquer teste mental (memórias de longo prazo, formas de raciocínio, atenção, resolução de problemas, a capacidade de pensar rapidamente ou de pensar abstratamente, memória de curto prazo, tempo de reação), independentemente de como seja medido. Alguém que tem uma vida com muito exercício físico sempre apresenta um alto desempenho cognitivo em comparação àqueles que têm uma vida sedentária. Isso mostra uma associação entre o estado físico e o estado cognitivo, mas não uma causa. No entanto, quando pessoas sedentárias melhoram sua condição física, seu estado cognitivo também melhora. Esses experimentos já foram realizados diversas vezes e mostram, em última instância, que uma boa condição física **estimula** a melhora do estado cognitivo. Por exemplo, o risco de ter demência é reduzido pela metade em pessoas que foram fisicamente ativas no decorrer da vida. O papel do exercício físico no humor é tão importante que muitos psiquiatras já começaram a prescrevê-lo. A depressão e a ansiedade também se beneficiam da prática de exercícios, tanto de maneira imediata como no longo prazo, e eles são eficazes para mulheres e homens. Quanto mais longo o programa de exercícios, melhores resultados se obtêm.

## Exercício físico

Como já mencionamos, embora o cérebro represente, aproximadamente, entre 2 e 5% do corpo, ele consome entre 20 e 25% da energia. Quando o cérebro está trabalhando em plena aceleração, usa mais energia por unidade de tecido do que um quadríceps em pleno exercício. Nosso cérebro não pode ativar mais de 2% de seus neurônios ao mesmo tempo. É possível viver até trinta dias sem comida e cerca de uma semana sem água. No entanto, o cérebro é tão ativo que não consegue viver sem oxigênio por mais de cinco minutos; se isso acontecer, ele morre ou corre sérios riscos de danos permanentes. Quando o sangue não consegue transportar oxigênio suficiente para o cérebro, os agentes tóxicos começam a se acumular. Hoje sabemos que, mesmo em um cérebro totalmente saudável, todo o sistema de transporte de sangue, ou seja, de oxigênio, pode ser melhorado. E isso é feito graças ao exercício físico. O exercício não fornece necessariamente mais oxigênio e alimentos; o que ele fornece é um melhor acesso a eles. O exercício aumenta a quantidade e o comprimento de todas as artérias e vasos do corpo, incluindo os do cérebro. Isso ocorre porque o exercício estimula a criação de uma molécula bastante estudada, conhecida como óxido nítrico, que regula o fluxo sanguíneo. À medida que o fluxo melhora, o corpo produz mais vasos sanguíneos que penetram cada vez mais profundamente em todos os seus tecidos; ou seja, há mais acesso à energia e ao oxigênio e melhor distribuição da energia e limpeza das toxinas que estão circulando.

A atividade física às vezes é chamada de **doce** cognitivo. Estudos de imagens cerebrais mostram que os exercícios literalmente aumentam o volume sanguíneo em diferentes áreas do cérebro. Outro dos efeitos estudados do exercício no cérebro é que ele estimula a produção de um poderoso neurotransmissor, o fator neurotrófico, que mantém os neurônios jovens, saudáveis e com grande capacidade de se conectar entre si. Além disso, esse fator estimula a neurogênese, a formação de novos neurônios no cérebro.

Se isso tem a ver com a criatividade e com a manutenção do cérebro o mais saudável e apto possível para cumprir as funções do pensamento criativo, não me surpreenderia se, no futuro próximo, empresas e organizações instalassem, por exemplo, esteiras ergométricas para realizar suas reuniões ou disponibilizassem horário livre de manhã e à tarde para os funcionários fazerem exercícios físicos. As escolas poderiam abandonar as carteiras típicas e permitir que os alunos acompanhassem as aulas de matemática, por exemplo, enquanto caminhavam. Vamos lembrar que nossos ancestrais que viviam na África não se sentavam em cubículos em uma sala de aula, mas na verdade estavam em movimento; acredito que, se algum deles passasse oito horas sentado em um mesmo lugar na África, ou talvez uma hora, certamente teria sido o almoço ou jantar de algum predador. No entanto, não passamos milhões de anos nos adaptando à nossa nova vida sedentária, temos uma vida que não atende às necessidades ideais para que o cérebro funcione da melhor maneira possível. Feche o livro e faça uma longa caminhada.

## Amar

> Não se trata de dinheiro ou talento, mas de criatividade e amor.
>
> Amy Butler

> Eu não a amo mais, é verdade, mas talvez eu a ame, o amor é tão curto e o esquecimento é tão longo.
>
> Pablo Neruda

É bastante lógico pensar que o amor é um sentimento universal. E o fato de ser igual ou muito semelhante em todos os cantos do planeta sugere que deve haver certos componentes químicos e conexões cerebrais envolvidos neste belo, e às vezes difícil, sentimento. Não há dúvida de que para a ciência é o cérebro, não o coração, o responsável por tudo o que nos acontece nesses meses fulminantes e nos seguintes. Uma coisa pouco romântica que sabemos é que quando o cérebro está apaixonado ele tem certas semelhanças com o cérebro de alguém que está mentalmente doente ou sob os efeitos da cocaína. Algo ainda menos romântico: quando nos sentimos atraídos por alguém, pode ser porque, inconscientemente, gostamos de seus genes. Não apenas a visão é responsável por gostarmos de alguém, mas o olfato também desempenha um papel importante. E se continuarmos no lado não romântico, esse "cheiro" que nos atrai é o que mais se aproxima do de nossos pais. Isso mesmo, a flecha do cupido é um arsenal químico dentro de nós. Com o amor, estamos à mercê da bioquímica pessoal; é a ativação de certas áreas do cérebro que estimula o coração e nos faz sentir frio na barriga. Helen Fisher é talvez a maior especialista nesse tema da paixão no mundo e descreve três estágios em que nossa química está bem representada: a do desejo ou da luxúria, a da paixão ou atração e a do afeto ou conexão. O primeiro estágio do desejo é impulsionado pelos hormônios sexuais testosterona e estrogênio; aqui ainda não encontramos a suposta melhor metade, mas realmente queremos. No estágio de paixão, ficamos obcecados e não fazemos nada além de pensar na pessoa amada; está relacionado à queda dos níveis de serotonina e ao aumento da dopamina e da norepinefrina.

Em experimentos realizados na Faculdade de Medicina Albert Einstein, eles queriam saber o que acontece quando uma pessoa apaixonada olha para a foto da pessoa amada dentro de um equipamento de ressonância magnética nuclear. Para comparar, os pesquisadores mostraram a essas pessoas apaixonadas algumas fotos de conhecidos da escola ou da universidade. Entre a foto da pessoa amada e a daquelas pessoas neutras, eles colocaram a imagem de um número (8.421) e pediram aos pesquisados que contassem de sete em sete, regressivamente. Isso é conhecido como atividade de distração, para que as sensações causadas pela foto da pessoa amada não contaminem a foto neutra. Embora várias áreas do cérebro fossem ativadas ao ver a imagem da pessoa amada, descobriu-se que duas tinham mais oxigênio e glicose, as mais ativas. Uma área se chama *núcleo caudado*; faz parte do nosso cérebro mais primitivo, o reptiliano, e é responsável pelos movimentos do corpo e pelo sistema de recompensa, que é ativada quando há sensações de prazer e motivação para adquirir alguma gratificação. Quanto mais apaixonados — avaliação pessoal dos participantes em uma escala de "amor apaixonado" — eram os indivíduos, mais atividade havia nessa área. Outro lugar muito ativo no cérebro era uma região que é ativada quando comemos chocolate; para quem diz que o amor pode ser viciante, aqui está uma prova. Por fim, a área tegmentar ventral, ou ATV, parte do circuito de recompensa e grande fabricante de dopamina e norepinefrina, estava em seu máximo esplendor. Quando essa dopamina é distribuída para outras partes do cérebro, produz-se uma atenção muito forte, uma sensação de grande energia, uma motivação voltada para alcançar algo que nos recompense, alegria e euforia (às vezes transformada em mania), as sensações e os comportamentos conhecidos por nós e centrais durante o romantismo. Inundados de dopamina, hiperfocados em conseguir o que queremos, com vigor e resistência e movidos por toda a maquinaria do cérebro em pleno funcionamento, não é à toa que não conseguimos dormir, mandamos milhares de mensagens de texto por dia, mudamos de emprego ou de estilo de vida, enchemos a pessoa amada de abraços e beijos; alguns podem até morrer por amor. Ou seja, esse estágio não é simplesmente uma emoção forte conhecida como sentimento de amor, mas uma combinação dessa emoção com uma função importante do sistema de recompensa. É uma motivação para conseguir o que quero.

Em um experimento muito semelhante realizado na Universidade de Stanford, os pesquisadores estudaram os efeitos da paixão e seu poder analgésico. Essa área é conhecida como *nucleus accumbens*, um importante centro de recompensa para vícios em opioides, cocaína e outras drogas, e está em plena ação sináptica em pessoas apaixonadas. Esse experimento nos diz que não somente as drogas podem funcionar para parar a dor. **Aos apaixonados as coisas doem menos**.

O último estágio de conexão acontece se o relacionamento for para durar. Infelizmente, não podemos viver para sempre no estágio da paixão; senão, não poderíamos fazer mais nada com nossa vida. Nesta última etapa, o hormônio liberado pelo sistema nervoso é a ocitocina nas mulheres, conhecida e ligada ao nascimento dos filhos e ao período da amamentação. Esse hormônio ajuda a estabelecer um vínculo mãe-filho. Também é secretado por ambos os sexos durante o orgasmo, e a teoria diz que quanto mais sexo um parceiro faz, maior o vínculo que é construído. Acho que nem todo mundo vai concordar com essa teoria. O outro hormônio neste último estágio é a vasopressina, uma molécula importante nas relações de longo prazo.

Que *design* inteligente pensar que a paixão emana de nosso motor cerebral conservado evolutivamente, o núcleo caudado, que nos irriga com um dos estimulantes mais naturais, a dopamina. Essa paixão romântica se enreda intrinsecamente com nossos outros dois instintos básicos: a reprodução e o desejo de estabelecer um relacionamento profundo e duradouro com alguém. Ser capaz de entender cada vez mais como nos apaixonamos e por que ao não sermos correspondidos ficamos com o "coração partido" pode fornecer pistas para novas terapias, já que este último estado pode causar depressão e estresse. Doentes de amor. Emily Dickinson costumava dizer que "a mente é mais ampla que o céu" e que bom que é assim. Há muitos estudos que concluem que quando estamos **apaixonados** somos mais criativos. Aparentemente, o amor altera nossos pensamentos ao desencadear um processo global no cérebro, que promove a conexão entre áreas distantes não especializadas (o que ocorre um pouco antes dos *insights*) e interfere no pensamento analítico. Além disso, o romantismo induz pensamentos com perspectivas de longo prazo, o que ajuda a ver a floresta em vez de a árvore, significado em vez de detalhes. Este último também promove o surgimento de novas ideias.

CAPÍTULO 7

# APRENDER

## Aprendo, logo existo

> Nunca permiti que a escola entorpecesse a minha educação.
>
> Mark Twain
>
> Não podemos ensinar nada a um homem; podemos apenas ajudá-lo a encontrar a resposta dentro de si mesmo.
>
> Galileu Galilei

Durante décadas, os pesquisadores estiveram convencidos de que, ao nascermos, éramos uma folha em branco, o nada, um disco rígido sem dados. Pensavam que absolutamente tudo o que um bebê aprendia era por sua interação com o meio, principalmente com os adultos. Hoje sabemos que não é assim. Viemos ao mundo com nosso disco rígido (o cérebro) pré-carregado com um *software* para processar informações.

Em um experimento lendário, em 1979, o professor Andrew Meltzoff mudou o mundo da psicologia infantil ao mostrar a língua para um bebê e esperar com paciência que ele fizesse a mesma coisa. Incrivelmente, o bebê imitou o comportamento do professor ao mostrar a língua quando tinha apenas 42 minutos de vida. É evidente que o bebê jamais tinha visto uma língua, nem a própria, nem a de outra pessoa. Entretanto, o bebê sabia que tinha uma língua, sabia que Meltzoff tinha uma língua e de alguma forma intuía a ideia de imitar a ação do pesquisador. Se refinarmos o pensamento, podemos concluir que o bebê sabia que, ao estimular uma série de nervos em uma sequência específica, também poderia mostrar a língua; definitivamente, isso contraria a noção de folha em branco. Por isso e muito mais, hoje os bebês e as crianças são, como já mencionamos, as melhores cobaias para entender como nós, seres humanos, adquirimos informações.

Se estudarmos a mente de uma criança, veremos que todos nascemos com profundo desejo de compreender o mundo que nos rodeia e incansável curiosidade que nos leva a explorar tudo o que encontramos pelo caminho. Essa curiosidade é tão poderosa que alguns cientistas a compararam aos impulsos diante da fome, da sede ou do sexo. Em outra série famosa de experimentos, alguns bebês de um ano receberam um ancinho e um brinquedo fisicamente afastado deles. Os bebês aprenderam rapidamente a usar o ancinho para buscar o brinquedo. Muitos pais observavam isso com frequência em casa. Entretanto, após algumas tentativas bem-sucedidas de trazer o brinquedo, os bebês perdiam o interesse neste, mas não na brincadeira. Às vezes colocavam o brinquedo bem afastado para ver tudo o que o ancinho conseguia fazer. Não pareciam se importar com o brinquedo, mas com o fato de que o ancinho conseguia trazê-lo para perto deles. Estavam experimentando a relação entre objetos, especificamente como um objeto pode influenciar outro. Ou seja, os bebês parecem se importar com as propriedades físicas dos objetos. Os menores de um ano analisarão todo tipo de objetos com todo seu arsenal sensorial, vão tocar, rasgar, lamber, colocar na boca de outros, dar tapas etc. Buscam intensamente informações sobre as propriedades dos objetos, o que muitas vezes significa, para os adultos, que esses objetos serão destruídos.

Outro conceito interessante e muito estudado nos pequenos, que tem consequências na evolução e na sobrevivência da espécie humana, é conhecido como a permanência dos objetos. Antes dos 18 meses, um objeto escondido debaixo de um lenço significa, para a criança, que o objeto desapareceu.

Depois, o bebê começará a fazer experiências cobrindo e descobrindo os objetos com o lenço até compreender, com muita alegria e entusiasmo que, se algo foi tirado de vista, não significa que desapareceu. A permanência dos objetos foi fundamental em nossa época como habitantes da savana africana. Quando um leopardo se esconde no mato não significa que ele não está ali. Aqueles que não adquiriram esse conhecimento certamente viraram comida de leopardos.

Nessa idade também se aprende que as pessoas têm desejos e preferências diferentes dos nossos. Antes dos dois anos, os bebês fazem muitas coisas que os pais prefeririam que não fizessem. Entretanto, quando completam dois anos, os pequenos fazem essas coisas porque os papais não querem que façam. Parecem se transformar em pequenos tiranos rebeldes, e muitos pais sentem que estão sendo desafiados. Na verdade, trata-se de uma expressão natural de um programa de pesquisa sofisticado que começou ao nascer. Você pressiona o limite das preferências das pessoas e depois solta para ver como reagem. Depois, repete o experimento algumas vezes para ver o quanto suas descobertas são estáveis e duradouras. Aos poucos, você aprende a perceber como são os desejos de outras pessoas e como se diferem dos seus. Depois, apenas para corroborar que os limites continuam ali, você volta a fazer o experimento. Quando bebê, talvez o ser humano não compreenda muito o mundo, mas sabe como obter informações sobre ele.

Quando se trata de como aprendemos, a referência máxima é o doutor Eric Kandel, cuja teoria sobre a memória inteligente já lemos. Kandel também demonstrou como uma simples informação nova altera a estrutura dos neurônios que participam desse processo. À medida que aprendemos, o cérebro muda a organização e reorganização de sua estrutura. Estando em constante aprendizado, poderíamos dizer que o cérebro está mudando suas conexões o tempo todo. Em outras palavras, o cérebro age como um músculo que, quanto mais atividade tem, se torna maior e mais complexo. O que fazemos com nossa vida literalmente muda nosso cérebro. Nem mesmo o cérebro de gêmeos idênticos é igual. O cérebro de todo recém-nascido está organizado apenas de maneira parcial. O programa de construção maior termina por volta dos 20 anos e continua se refinando até meados dos 40. A quantidade de conexões neurais de um recém-nascido é igual à de um adulto, mas aos três anos esse número duplica ou triplica em algumas áreas do cérebro, voltando ao número original aproximadamente aos oito anos. Durante a puberdade, isso volta a acontecer, mas nesse caso são outras regiões e áreas que se desenvolvem. Entretanto, alguns estudos mostram que essas regiões crescem em proporções diferentes de criança para criança. Da mesma forma, quando alguém observa os alunos de uma instituição e percebe diferentes graus de desenvolvimento físico, assim acontece com o cérebro.

Outro especialista em aprendizado e memória é Richard Mayer, que durante décadas estudou os efeitos das apresentações multimídia. Suas cinco grandes conclusões (algumas coincidem com o que aprendemos sobre o sentido da visão), obtidas de dados empíricos sobre como os seres humanos aprendem melhor, são as seguintes:

**1.** Aprendemos melhor com palavras e imagens do que apenas com palavras.

**2.** Aprendemos melhor quando as palavras e imagens são apresentadas simultaneamente, não em sequência.

**3.** Aprendemos melhor quando as palavras e as imagens estão espacialmente próximas.

**4.** Aprendemos melhor quando o material que não tem a ver com o conteúdo é retirado da apresentação.

**5.** Aprendemos mais com animação e narração do que com animação e texto na tela.

## Espelho, espelho meu

Em 1991, três pesquisadores da Universidade de Parma, fundada no século IX, liderados pelo doutor Giacomo Rizzolatti, estudavam como o cérebro de um macaco era ativado ao alcançar diferentes objetos. Certo dia, um dos cientistas pegou uma uva-passa de um prato e observou como era ativada a atividade cerebral do amigo primata, que ainda estava conectado a eletrodos. O padrão cerebral do animal indicava que estava levantando uma passa, quando na verdade estava vendo como o italiano fazia. Depois de repetir os experimentos e ampliar suas descobertas, chegaram à conclusão da existência do que hoje se conhece como neurônio-espelho. São os neurônios cuja atividade reflete o que acontece em volta. Logo foram descobertos em humanos, e hoje é um tema de estudo muito em voga no âmbito da neurociência. Graças a esses neurônios, os bebês conseguem mostrar a língua imitando um adulto poucos minutos depois de nascer, como observado por Andrew Meltzoff em 1979. A teoria define que, se você vê alguém realizando uma ação, esses neurônios automaticamente simulam a ação em seu cérebro, seja chutar uma bola, pular corda, lavar a louça, fazer um bife etc. Para o doutor Vilayanur Ramachandran, esses neurônios evoluíram para ajudar a discernir informações valiosas rapidamente.

Vamos imaginar como era há cem mil anos, quando o homem começava a desenvolver sua cultura (ferramentas, fogo, abrigo, linguagem etc.), em vez de aprender e reaprender "como fazer fogo", ao observar como se faz fogo, os neurônios fazem você "sentir" como se estivesse acendendo o fogo e, inconscientemente, imitar as ações dos outros.

Isso é conhecido como a habilidade de "viver" a experiência do outro e se torna fundamental para as espécies que aprendem rápido as diferentes **habilidades** dos membros de seu próprio grupo. É como se, além do ensino vertical dos pais e horizontal dos membros da comunidade, fosse acrescentado um aprendizado exponencial graças a esses neurônios. Os programas de culinária na televisão são um exemplo perfeito. É muito mais eficiente e aprendemos mais rápido quando vemos um chefe cozinhar na TV do que quando lemos suas receitas. Quando uma marca de carros muito conhecida projeta em telas gigantes um conversível charmoso atravessando paisagens e geografias com o fim de atrair pessoas a suas concessionárias, descobre que, em média, os curiosos ficam parados diante do vídeo por 87 segundos. Entretanto, quando modificam um pouco o filme e agora é possível ver o motorista ao volante, abrindo o teto, ligando o rádio etc. os espectadores ficam em média 143 segundos. Além disso, melhoram as vendas entre diferentes idades e em ambos os sexos. Nossos neurônios-espelho "vivem" a experiência de dirigir esse conversível em paisagens exóticas, e nós desfrutamos dela.

### Desafie-se

Todos os dias, você precisa criar ou gerar um número mínimo de ideias: cinco por dia, dez por dia. Você comprovará que as primeiras ideias da semana são difíceis de gerar, mas elas trarão outras e se associarão a outras, e se tornarão cada vez mais fluidas.

Impor um número mínimo de ideias forçará você a gerar essas ideias ativamente, bem como alternativas a elas, em vez de esperar que ocorram.

Por exemplo, Thomas Edison impunha a si mesmo inventar algo pequeno a cada dez dias e a realizar uma grande invenção a cada seis meses.

Hoje há muitos estudos com neurônios-espelho quem têm a ver com o tato, o movimento, as intenções e as emoções. Por exemplo, ao ler a palavra "picada" em um contexto adequado, você começa a sentir picadas; ao ler "chuto a bola", ativam-se áreas motoras do cérebro; e ao ouvir "saltar", ativam-se áreas de movimento do cérebro.

Muitos jogadores utilizam a técnica de visualização antes de uma partida importante. Imaginam-se completando uma ação ou uma tarefa antes de realizá-la e então garantem que isso melhora sua atividade. Agora sabemos que observar outras pessoas realizando uma tarefa ou atividade também pode melhorar nossa execução, e isso ocorre porque os neurônios-espelho são recrutados. É comum que músicos observem seus maestros tocarem para aprender mais rápido. Mas atenção, isso só acontece com pessoas que praticam a mesma atividade. Se eu passar a observar o Rafael

Nadal todos os dias, meus neurônios-espelho jogarão tênis, mas eu não serei um tenista melhor.

*Neurônios-espelho no dia a dia:* quando os pais veem os filhos se vacinarem, também sentem dor. Quando você vê um amigo tendo uma conversa estressante, sua pressão sobe. Ao ver um ciclista descer uma ladeira a toda velocidade, seu ritmo cardíaco acelera, você secreta mais endorfinas e fica mais alerta. Você vê um colega fechando uma negociação e se sente satisfeito e bem-sucedido. Na rádio, que não nos permite ver, apenas ouvir, incluir sons que "aproximem" os ouvintes da atividade que estamos descrevendo acenderá esses neurônios aumentando o interesse e até, talvez, estimulando a fidelização ao programa.

Poderíamos sintetizar dizendo que nossa sobrevivência dependeu e depende muito de compreender as ações, intenções e emoções dos outros. Hoje sabemos que conseguimos simulá-las automaticamente, sem pensar, sem lógica e sem análise graças a uma variedade de neurônios-espelho.

Atualmente, há muitas evidências de que há áreas do cérebro adulto que são tão maleáveis quanto o cérebro dos bebês. Podemos fazer crescer novas conexões, fortalecer as que já existem e até gerar novos neurônios. Graças a isso, somos criaturas que podem aprender durante toda a vida. Essa descoberta é bastante recente, pois até 12 anos atrás se acreditava que nascíamos com todos os neurônios que teríamos pelo resto da vida. Nem todas as notícias são boas, pois também perdemos conexões sinápticas à medida que crescemos. Alguns acreditam que morrem cerca de 30 mil neurônios por dia. Entretanto, o cérebro adulto continua **gerando** neurônios em áreas relacionadas ao aprendizado. Esses neurônios mostram a mesma plasticidade que a encontrada nos bebês. Por sorte, o cérebro mantém a capacidade de mudar de estrutura e função em resposta a nossa experiência durante toda a sua vida.

Em relação ao processo de aprendizagem e à criatividade, deveríamos aprender mais com as crianças, pois elas entendem muito bem que a descoberta gera prazer, alegria e felicidade. Como uma droga viciante, a exploração mediante a curiosidade cria uma necessidade maior de descobrir para assim poder experimentar mais prazer. É um sistema claro de recompensa que, se deixamos florescer, continuará durante os anos escolares.

---

Criar é explorar possibilidades!

---

À medida que crescemos, descobrimos que aprender não só nos leva a sermos mais felizes, mas também podemos virar especialistas. Ser virtuosos em algumas áreas nos proporciona confiança para assumir certos riscos intelectuais. Se as crianças não acabassem na sala de emergência de um hospital, poderiam ir para a Suécia para receber um prêmio Nobel. Infelizmente, como mencionamos no primeiro capítulo, os adultos anestesiam esse ciclo natural de aprendizado-felicidade. Ao entrar no ensino fundamental, as crianças aprendem que a educação significa ser aprovado nas matérias. Aprendem que podem adquirir conhecimento não porque é interessante, mas porque pode levá-los a algo, como ser aprovado. A fascinação passa para um plano secundário, e a pergunta mais frequente é: o que é necessário para ser aprovado?

No entanto, a história mostra que muitas pessoas ignoram a mensagem da sociedade, e seu instinto pela curiosidade e pela exploração as faz florescer. Para dar um exemplo muito atual, a empresa Google oferece aos empregados 20% de tempo livre para que possam explorar e permitir que a mente vá aonde quiser. Os resultados são notáveis, pois 50% dos produtos (como Gmail e Google Notícias) nascem desse tempo livre. É um bom momento para nos perguntarmos como podemos adaptar essa liberdade de exploração em nossas aulas e escritórios. Esse tempo livre, que no Google chamam de *Innovation Time Off* (tempo livre para inovar), foi colocado em prática muito tempo antes pela empresa 3M (The Minnesota Mining and Manufacturing Company), que inventa produtos há mais de 65 anos e que recentemente foi considerada a terceira empresa mais inovadora do mundo, atrás da Apple e do Google. Alguns de seus produtos mais conhecidos são o Post-It e a fita adesiva transparente. O êxito dessa empresa se deve, em grande parte, à sua política de "atenção flexível". Em vez de pedir aos funcionários concentração e atenção constantes nas oito horas diárias, eles os estimulam a realizar atividades que, à primeira vista, não parecem produtivas, como um passeio, espreguiçar-se em uma poltrona e olhar pela janela, sonhar acordado. Já vimos que nesses momentos de prazer e relaxamento os *insights* são mais frequentes. Se você está preso a um problema, saia para andar. A única exigência aos funcionários da 3M é que compartilhem suas ideias com os colegas. Os conselhos dos demais, a partir de outras perspectivas e experiências, melhoram a qualidade das ideias e muitas vezes acabam tornando-as factíveis.

Como vimos, o cérebro evoluiu de modo extraordinário para reagir a ameaças, ataques, agressões, distinguir o verdadeiro do falso, evitar ser enganado. Nosso cérebro está, durante boa parte do tempo, em "modo emergência", simplesmente pelo estilo e pelo excesso de estímulo da vida moderna.

Por que, sendo inteligentes, evoluímos de modo a criar para nós mesmos um ambiente tão hostil e estressante? Talvez porque somos ambiciosos e criativos ao mesmo tempo. Nunca nos conformamos com a realidade e buscamos soluções melhores sem parar. Pagamos um preço muito alto por nossas criações, mas também recebemos boas recompensas: muitas doenças foram erradicadas, criaram-se muitas obras de arte, o genoma foi decodificado e podemos nos comunicar em segundos com outra pessoa em qualquer parte do mundo. Tudo isso porque usamos nosso banco de dados cerebral e conseguimos improvisar sobre ele, somos lógicos e criativos ao mesmo tempo. Enquanto a lógica é aprendida e ensinada continuamente na escola, em casa, no trabalho ou na sociedade, não acontece o mesmo com a criatividade. Vamos aproveitar o restante deste livro para aprender a ser ainda mais criativos.

### Técnica: Provocação

*Bastante utilizada para quebrar padrões estabelecidos e encontrar ideias não ortodoxas.*

Escreva uma declaração provocativa (às vezes pode parecer tola e ridícula): "As piscinas não precisam de água".

Explore os pós e os contras do que você escreveu e das ideias que essa declaração lhe sugere: construir piscinas com colchões dentro, bolinhas de borracha, organizar exposições de arte em piscinas vazias etc.

### Técnica: As revistas

Vá a uma banca e compre quatro ou cinco revistas do tipo que você nunca lê (sobre viagens, flores, decoração etc.).

Escolha um número de página aleatoriamente (por exemplo, a página 44).

Procure essa página em cada uma das revistas e observe o que há (foto, ilustração, uma mensagem, publicidade etc.).

Concentre-se nisso que observa e tente relacionar ao seu desafio criativo.

### Técnica: O dançarino

Assista à apresentação de um dançarino ou uma dançarina em um canal de arte ou no YouTube (balé clássico, *jazz*, balé contemporâneo, lambada etc.).

Preste bastante atenção à dança. Observe o dançarino com concentração por um ou dois minutos seguidos.

Escreva um substantivo, um verbo, um adjetivo e um advérbio sobre o que você pensou enquanto observava, o que a apresentação lhe sugeriu.

Relacione essas quatro palavras ao seu desafio criativo.

## Já me esqueci de que te esqueci

Nos primeiros momentos em que aprendemos algo, somos capazes de lembrar o que aprendemos. O cérebro tem diferentes tipos de sistemas de memória, e muitos deles funcionam em modo semiautomático. A ciência sabe muito pouco sobre como esses diferentes tipos de memória são coordenados, mas sabe que a memória não é considerada um fenômeno único. Podemos pensar nela como um intruso, um invasor que permite que experiências passadas se intrometam continuamente em nossa vida atual.

À medida que crescemos, nossa experiência dá forma ao cérebro por causa da memória. Para uma criatura tão fraca quanto o ser humano na savana africana, sem memória ou sem se lembrar das coisas, para não repetir os mesmos erros nem cair nas mesmas armadilhas, sem dúvida significaria o desaparecimento da espécie. Todo talento humano relacionado ao cognitivo, como a habilidade de escrever ou de falar, existe graças ao fato de poder se lembrar das coisas. Assim, a memória não apenas nos fez durar e permitiu que subsistíssemos, mas ela também nos torna humanos.

Por mais incrível que pareça, ao fim de 30 dias, em geral, nós nos esquecemos de 90% do que aprendemos em uma aula ou palestra, e a maioria se esquece de imediato nas primeiras horas depois da aula. Hoje está amplamente comprovado que é possível aumentar a duração de uma **lembrança** simplesmente repetindo a informação muitas vezes em intervalos de tempo determinados. Os espaços entre as repetições são um componente crucial no ato de transformar memórias temporais em memórias mais persistentes. É bem fácil lembrar o número de nosso documento de identidade. No entanto, buscar esse número dentro do cérebro inclui, por exemplo, visualizar a última vez em que olhamos para ele ou lembrar a última vez em que o escrevemos. Contudo, lembrar-se de como andar de bicicleta é totalmente diferente. Não há uma lista ou um protocolo detalhado sobre onde colocar os pés ou as mãos, que postura manter etc. No entanto, nós nos lembramos de como andar de bicicleta da mesma forma que lembramos os números de nossa identidade. Logo, existe uma memória que precisa de uma atenção consciente (número de documento), a memória declarativa, e outra que não precisa (habilidades motoras para andar de bicicleta), a memória não declarativa.

A memória declarativa necessita de quatro etapas: registrar, guardar, buscar e esquecer. O ato de registrar tem a ver com a descrição do que acontece no momento do aprendizado, quando o cérebro se depara com uma informação declarativa nova. Esse momento de aprendizado ou de registro é tão misterioso quanto complexo. Hoje sabemos pouco sobre o que acontece, apenas que, ao entrar no cérebro, esse fragmento de informação é cortado em pequenas unidades, e essas unidades se encaminham a diferentes partes da mente.

Dez palavras escritas foram mostradas a um grupo de pessoas. Depois, o grupo foi dividido em dois subgrupos. Ao primeiro, solicitou-se que se fixasse nas letras que tinham linhas diagonais em cada palavra; ao segundo, que pensasse no significado de cada palavra e que as avaliasse de um a dez, de acordo com o quanto gostavam daquela palavra. Minutos depois, pediu-se que cada grupo escrevesse todas as palavras das quais se lembravam entre essas dez. Os que processaram o significado e o quanto gostavam das palavras lembravam duas ou três vezes mais em relação aos que apenas observaram a arquitetura das letras. Ou seja, quanto mais elaborado o registro da informação no momento do aprendizado, mais duradoura será a memória.

> Charles Duell, o diretor do Escritório de Patentes dos Estados Unidos em 1899, disse: "Tudo o que pode ser inventado já foi inventado". Em 1905, Grover Cleveland expressou: "As mulheres que são responsáveis e sensíveis não querem votar". Robert Millikan, prêmio Nobel de Física em 1923, manifestou: "Não existe a possibilidade de que o homem chegue a entender o poder do átomo". Lord Kelvin, presidente da Royal Society, disse em 1825: "É impossível que máquinas mais pesadas que o ar voem". O czar russo, diante do que acreditava ser o fracasso do trem, opinou: "Ninguém pagará para ir de Berlim a Postdam em uma hora quando pode chegar lá em um dia com seu cavalo e de graça".

Outra característica comum da memória é que a busca das informações já registradas e guardadas acaba sendo mais eficiente quando reproduz as condições em que o registro foi feito. É o que se chama de condições dependentes do contexto ou aprendizado dependente do estado. Se você aprende algo quando está triste, é muito mais certo que você se lembre do que aprendeu em algum momento em que volte a ficar triste. Além disso, quanto mais concentrada estiver a pessoa que aprende o significado dessa informação, muito mais elaborado será o processo de registrá-la na memória. Ou seja, se você está aprendendo algo sem entender o significado, não tente memorizá-lo, pois não fará muito sentido.

O famoso ato de "decorar", que em geral implica não entender muito o significado do que se está aprendendo, pode levar você a uma experiência ruim quando a questão da prova não envolver lembrar-se de algo, mas elaborar, relacionar ou associar essa informação a outra coisa. Também está comprovado que, para lembrar melhor de algo, é muito eficiente utilizar exemplos reais ou situações mais familiares possíveis. Quanto mais pessoal for o exemplo, com mais força ficará registrado e mais fácil será lembrá-lo depois. Quando você está tentando levar informações a alguém, a capacidade de criar uma introdução muito boa sobre esse tema talvez seja um dos fatores mais importantes para ter sucesso na missão de ensinar ou comunicar de maneira eficaz. Isso acontece porque, quanto mais estruturas neurais forem recrutadas no momento do aprendizado, muito mais fácil será ter acesso e lembrar-se dessa informação posteriormente.

Estima-se que, pelo menos uma vez por semana, ficamos com alguma coisa "na ponta da língua". É interessante que esse tropeço de sua memória, quando você se esquece de algo, vem acompanhado de um convencimento profundo de que você sabe o quer lembrar. É por isso que você faz muito esforço e gasta muita energia mental para tentar recuperar essa palavra, esse nome ou conceito perdido. Existe uma espécie de habilidade natural da mente para diagnosticar seus problemas e avaliar em que tipo de criatividade precisará investir. É conhecida como a "sensação de saber". Quando isso acontece, você se convence de que, se continuar pensando no problema, conseguirá resolvê-lo. Há estudos que mostram que, quando você enfrenta problemas que não precisam de *insights*, sua mente mede com muita precisão como devem ser enfrentados e resolvidos. Com o simples fato de entender o desafio você sabe que **alcançará um resultado ótimo se começar a trabalhar** e, por isso, motiva-se e se concentra nele. Pelo contrário, se parece que não está progredindo em seu desafio, que está se esforçando à toa, provavelmente precisa de um *insight*. Nesse caso, continuar concentrado e gastar energia são uma perda de tempo, e você precisa relaxar para aumentar suas ondas alfa. A coisa mais produtiva que você pode fazer é se esquecer do desafio.

## Antigas novas lembranças

O processo de transformar a memória de curto prazo na de longo prazo chama-se consolidação. Hoje se sabe que a relação entre a repetição e a memória é muito clara. A forma mais eficaz de se lembrar de algo durante muito mais tempo (consolidar) é se expor deliberadamente e repetidas vezes a essa informação.

A princípio, a memória é muito flexível, transitória e com grande risco de se extinguir. A maioria dos estímulos e dos retalhos de informações que recebemos em um dia comum de nossa vida entra nessa categoria. Assim como a de curto prazo, declarativa ou não declarativa, também há diferentes formas de memória de longo prazo. Ainda não há acordo entre os cientistas sobre todas as formas que existem, mas coincidem que há um sistema de **memória semântica** que tende a lembrar, por exemplo, qual é o bolo preferido de sua mãe ou qual era o seu peso na escola. Também descrevem a **memória episódica**, encarregada de lembrar os episódios de suas experiências passadas com suas características: o que aconteceu, quem eram os protagonistas, onde você estava etc. Também se sabe que o aprendizado é muito melhor quando as novas informações são incorporadas gradualmente na memória, não de súbito. E o esquecimento? O esquecimento tem um papel essencial em nossa capacidade funcional, uma vez que permite priorizar acontecimentos. Os acontecimentos irrelevantes para nossa sobrevivência ocupam um espaço grande no cérebro, e nós os esquecemos, diretamente. Assim, sem importar as diferentes formas de esquecer algo, todas sempre deixam um fragmento de informações para dar lugar ou prioridade a outras.

Como vimos, a memória não apenas nos torna humanos, mas é extremamente importante para nossa sobrevivência. Poder registrar e guardar todas as coisas que vivemos durante a vida é a base da formação de todas as ideias em nossa mente. Lembre-se de que a criatividade ou as ideias criativas que nos ocorrem são simplesmente a mistura de conceitos, experiências, informações, dados e conhecimento aparentemente não relacionados que estão registrados em algum lugar de nossa memória. Vivemos ou aprendemos esses conceitos em algum momento e os guardamos preciosamente na memória em "gavetas" neurais, sobretudo em nosso inconsciente. Lembre-se da teoria da "memória inteligente" de Eric Kandel no capítulo 3.

## O inconsciente aprende antes

Vamos imaginar quatro baralhos de cartas, dois vermelhos e dois azuis. As cartas estão viradas para baixo, e os baralhos estão alinhados um ao lado do outro. Se virarmos as cartas, veremos uma frase que nos indica que ganhamos ou perdemos diferentes quantidades de dinheiro. O jogo se trata de virar cartas de modo a ganharmos o máximo de dinheiro possível. O que os participantes não sabem é que os baralhos vermelhos oferecem prêmios altos, mas as perdas também são muito grandes. Além disso, só é possível ganhar dinheiro quando se tiram cartas do baralho azul, que oferecem perdas e ganhos moderados.

A pergunta é: em média, quantas cartas as pessoas precisam virar para entender que as cartas azuis são as únicas que lhes permitirão ganhar dinheiro? Esse desafio é conhecido como o "experimento de Iowa", realizado em diferentes países. Sua análise permite chegar à conclusão de que as pessoas começam a perceber que "algo está acontecendo" por volta da 50ª carta. Nesse momento, intui-se o conflito e começam a ser selecionadas as cartas azuis, mas sem razão aparente ou justificada. Somente ao virar a 80ª carta os desafiados conseguem explicar o que está acontecendo e por quê.

**Assim funciona a nossa lógica. Adquirimos experiência, depois refletimos sobre ela, elaboramos uma teoria e finalmente tiramos nossas conclusões. Também é assim que aprendemos.**

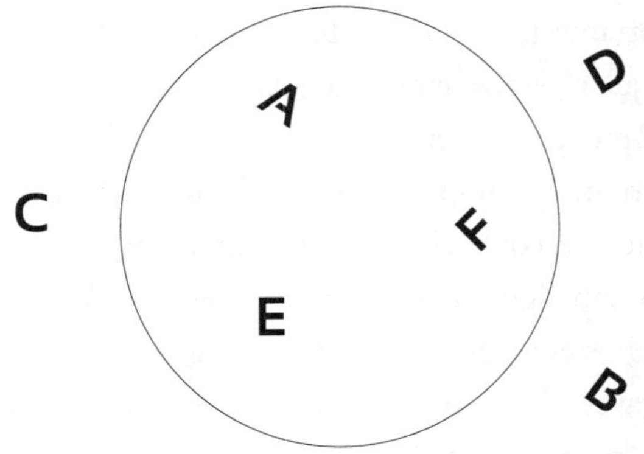


Você saberia dizer, entre as letras que faltam do alfabeto, quais ficarão dentro do círculo e quais ficarão fora? Se achar que esse é um problema intelectual complicado e complexo em que há um sistema envolvido, você falhará. A solução é tão simples quanto a arquitetura ou o formato das letras. As letras com formato curvo, como B, C e D, ficarão do lado de fora do círculo, e as que têm linhas retas, como A, F e E, ficarão do lado de dentro. Se a sua intuição for bem desenvolvida, ao ver as letras na folha, você responderá de maneira rápida e correta.

Quando se repete o mesmo experimento com as palmas das mãos dos participantes conectadas a uma máquina que mede o suor, uma medida de estresse ou nervosismo em torno da décima carta gera uma resposta ao estresse quando se escolhe uma carta vermelha. Quarenta cartas antes de percebermos que estava "acontecendo algo"! Nesse momento, mesmo sem perceber, começamos a escolher mais cartas azuis do que vermelhas. Em outras palavras, **descobrimos a armadilha ou o**

**jogo antes de perceber o que fizemos**. Começamos a fazer os ajustes necessários, pegando mais cartas azuis do que vermelhas, muito antes de termos consciência de quais são esses ajustes.

Podemos concluir que o cérebro utiliza duas estratégias muito diferentes para entender a situação: uma estratégia consciente, mais familiar, na qual pensamos no que aprendemos e elaboramos uma resposta lógica e contundente, porém lenta e que requer muita informação (carta 80); e outra estratégia, rápida, que capta a armadilha das cartas vermelhas quase na hora, mas tem o inconveniente de atuar, pelo menos no início, aquém da consciência e, contudo, nos enviar mensagens por canais indiretos, como a transpiração das mãos, nesse caso. **Nosso cérebro está tirando conclusões sem nos dizer o que está acontecendo**. Essa segunda estratégia, que o psicólogo Gerd Gigerenzer chama de "rápida e simples", é conhecida na neurociência como o "inconsciente adaptativo" (diferente do subconsciente obscuro e tenebroso de Freud, ocupado por desejos, lembranças e fantasias tão perturbadoras que não conseguimos pensar nelas de forma consciente).

Nosso inconsciente adaptativo é como um supercomputador que processa, de maneira rápida e silenciosa, muitos dos dados dos quais necessitamos para continuar agindo como seres humanos. Por exemplo, se estamos atravessando a rua e vem um caminhão a toda velocidade, não temos tempo de pensar em todas as opções para salvar nossa vida. Nessa situação, o inconsciente adaptativo tomará uma decisão elaborando juízos rápidos com base em informações escassas e pouquíssimo tempo. É um sensor que funciona para elaborar uma organização do lugar que nos cerca, alertar-nos sobre os perigos, estabelecer metas e iniciar ações de maneira elaborada e eficaz. Além disso, os seres humanos podem mudar rapidamente entre os modos conscientes e inconscientes de pensar de acordo com a situação. Veja este exemplo: se eu convido você para jantar em minha casa, tomo uma decisão consciente baseada no desejo de querer conversar com você e intuo que vamos nos divertir. Mas, durante o jantar, podemos começar, de maneira espontânea e não consciente, a falar sobre política. Outra parte do cérebro percebe isso. Em geral, usamos grande parte de nosso inconsciente adaptativo quando nos reunimos com alguém pela primeira vez, entrevistamos alguém para um emprego, reagimos a uma dieta nova ou precisamos tomar uma decisão rápida sob muito estresse.

Um experimento clássico sobre como nosso inconsciente adaptativo tem um papel importante em nossas decisões é o da doutora Nalini Ambady. Ela mostrou a um grupo de estudantes três gravações de dez minutos com diferentes professores dando aula, mas sem som, e depois solicitou a eles que dessem nota aos professores. Curiosamente, a pontuação obtida pelos mesmos professores no final do semestre não diferia significativamente dessa primeira avaliação. Porém, é ainda mais curioso que, quando os vídeos eram exibidos por apenas cinco segundos, a diferença na pontuação continuava inalterada. Isso prova o grande poder de nosso inconsciente adaptativo.

O professor George Turín, da Universidade da Califórnia, defende que os diferentes componentes utilizados para a solução de problemas mediante nossa intuição podem ser:

**1.** Temos a habilidade de saber como enfrentar esse problema sem saber como sabemos.

**2.** Temos a habilidade de resolver um problema de uma disciplina depois de resolver problemas parecidos de disciplinas totalmente diferentes. A habilidade de ver conexões ou relações entre ideias e objetos.

**3.** Temos a habilidade de reconhecer realmente qual é a raiz do problema.

**4.** Temos a habilidade de reconhecer a solução só porque "sinto" que é a correta.

Se, diante de um desafio, você sentir que tem essas habilidades, significa que sua intuição é bastante desenvolvida.

E se ela não é muito desenvolvida, você pode desenvolvê-la com exercícios.

Acabamos de ver, com o experimento de Iowa sobre as cartas azuis e vermelhas, que uma parte do cérebro, nosso inconsciente adaptativo, age sob a fronteira do consciente. Sem percebermos, ele toma decisões importantes sobre nós e o ambiente ao nosso redor. Mas também aprendemos que essa parte do cérebro nos envia mensagens, como a transpiração da palma das mãos, nos "fala" ou sussurra de alguma maneira. Muitas vezes, aprender a escutar o que o cérebro nos diz permite que nos conheçamos mais e tenhamos mais consciência de nós mesmos. Vale lembrar que os grandes criativos da história compartilhavam o fato de conhecer muito a si mesmos, o que hoje chamamos de "inteligência emocional intrapessoal". Infelizmente, o inconsciente adaptativo não fala conosco no idioma racional do pensamento. Comunica-se de outra maneira, por meio dos estados de espírito. Entender melhor em que estado ou estados nos encontramos diante das diferentes situações, em momentos diferentes do dia ou da vida, permite que nos conheçamos mais, e isso nos ajuda a decidir, por exemplo, se vale a pena agir. Vamos separar esses estados em quatro categorias.

## Aprenda a se escutar

Um primeiro estado emocional. Aqueles que o atacam no dia a dia do trabalho ou na família são a insatisfação, a irritabilidade e a frustração, enquanto os estados emocionais desejados seriam a alegria, o contentamento, a diversão e a curiosidade. Como já vimos na parte sobre as emoções, elas estão muito conectadas aos processos do inconsciente. Um segundo estado emocional, o estado físico, informa-lhe como seu corpo se sente: estressado, tenso, cansado ou cômodo, flexível ou relaxado. Um terceiro estado mental lhe diz o que se passa em sua cabeça; você pensa claramente, está concentrado, confiante e seguro e está aberto a novas ideias ou sua mente está distraída, dispersa e bloqueada em uma única solução.

E há, por fim, um quarto estado: o espiritual. Aqui deixo você expressar suas próprias experiências e definições quanto à energia espiritual. Pode ser religioso ou simplesmente entender se está conectado a si mesmo, com o trabalho, o mundo, as pessoas, o desafio criativo, ou não está. O que está claro é que esses estados mudam constantemente segundo estímulos tanto externos como processos internos conscientes ou não. A melhor forma de observar seus estados é relaxando e respirando três vezes devagar e profundamente e depois anotar o que sente em cada um dos quatro estados descritos e categorizá-los. Essa é uma forma de se conectar com seus estados e perceber quando os processos de sua mente descobrem algo interessante. Mesmo assim, quanto mais alerta você está às suas sensações e reações geradas por certo estímulo, mais se sente "conectado" e, assim, fica mais fácil tomar as decisões corretas e ficar confortável com elas. Um exemplo muito claro é quando as pessoas descrevem intuições e como se manifestam, pois estão interpretando mudanças de estado (meu sangue gelou, minhas mãos estão suadas, meu coração está batendo mais forte etc.). Quando você observa essas mudanças, a melhor coisa é ficar tranquilo e explorar, pois estão tentando lhe dizer algo. Não se esqueça de que, quanto mais você aumenta sua sensibilidade para entender e detectar essas mudanças, mais também sua consciência aumenta. Em suma, uma parte muito grande das informações captadas dos estímulos recebidos do mundo exterior vai para nosso inconsciente, e apenas uma parte pequena vai para nosso consciente. Poderíamos dizer que o consciente é muito barulhento, limitado e não pode se ocupar de muitas coisas, enquanto o inconsciente tem grande capacidade, mas parece calado. Essa grande quantidade de informações que recebemos permanentemente, como vimos, é captada por nossos sentidos.

### O tímido e o dominante

Richard Wiseman utiliza uma analogia fascinante para entender a relação que existe entre o consciente, o inconsciente e a criatividade.

Duas pessoas estão dentro de um quarto. Uma é muito criativa, porém tímida. A outra é inteligente, muito dominante, mas não tão criativa. Alguém se aproxima dessas duas pessoas e pede ideias para algum desafio em particular. Obviamente, a pessoa mais dominante começa a gerar ideias não muito criativas em particular e dirige a conversa. Não deixa a outra pessoa contribuir muito e, novamente, suas ideias são boas, mas não são inovadoras nem muito criativas. Imagine agora o mesmo cenário, mas a pessoa dominante se distrai vendo alguns filmes. Nessa circunstância, o criativo tímido pode se fazer ouvir, e o que disser será muito mais criativo que as ideias do dominante. É uma boa analogia da relação que há entre a mente e a criatividade. O tímido representa o inconsciente, que é capaz de ter ideias maravilhosas, mas muitas vezes se torna difícil ouvi-las, enquanto o dominante representa a mente consciente, inteligente, mas não muito inovadora, e muitas vezes difícil de afastá-la do controle.

## Intuição

Charles Merrill, da Merrill Lynch, disse uma vez que, se as decisões são tomadas rapidamente, em 60% dos casos toma-se a decisão correta. Contudo, quando se reserva um tempo para analisar a situação e se chega a uma decisão cuidadosa, obtém-se 70% de efetividade. Pouquíssima diferença. Charles diz que esses 10% a mais não compensam a perda de tempo necessário para pensar com atenção.

Uma pessoa pode praticar, desenvolver e melhorar sua habilidade intuitiva.

No entanto, se você ouve sua intuição, depois pensa na situação e, por fim, combina as duas coisas, o resultado é poderoso.

## Exercício

Tente adivinhar como uma situação terminará antes de analisá-la profundamente.

## Exercício

Faça perguntas cujas respostas você já saiba e responda interiormente com sim ou não.

Por exemplo: hoje é meu aniversário? Minha mãe se chama Sílvia? Amanhã é sexta-feira? Eu gosto do livro que estou lendo? Etc.

Em sua mente, observe o que muda quando você responde sim ou não. Você vê *flashes*, a cor verde, setas, ao dizer sim? Você vê vermelho, cruzes, escuridão, quando diz não?

Concentre-se na forma como sua mente recebe essa resposta. A ideia é tentar se conhecer à medida que responde sim ou não. Você está treinando com situações que já conhece. Aos poucos, verá que, quando surgirem perguntas cujas respostas você não sabe, sua intuição começará a enviar os mesmos tipos de sinais (setas, cruzes, cores etc.).

## Exercício

O telefone toca. Sem olhar, tente adivinhar quem está ligando. Um homem? Uma mulher? Um colega de trabalho? Um parente? É uma ligação corriqueira? É algo diferente? É da cidade? É de longa distância? Etc.

Você vai trabalhar. Como será hoje? Você vai vender? Não vai vender? O que mais venderá? Que cores serão mais vendidas? Se for de ônibus, qual será o trajeto? Se houver alguma greve, onde haverá concentração de pessoas? Etc.

Você chega ao escritório e, antes de verificar seus *e-mails*, diz: quantos *e-mails* terei hoje? Quantos serão *spam*?

Quantos serão da família? Quantos serão de trabalho? Quantos serão incomuns, diferentes ou inesperados?

## Hora de dormir

Costumamos dizer que não há nada como uma boa noite de sono. Nós nos sentimos revigorados e prontos para encarar o dia. Todos nós sabemos que não dormir ou dormir mal pode alterar nosso humor e até nossos níveis de estresse. A cama não nos proporciona apenas situações agradáveis, mas dormir favorece o aprendizado e a capacidade de memorizar, entre outras coisas. Em estudos com animais, comprovou-se que dormir aumenta as conexões cerebrais durante o desenvolvimento inicial. Por exemplo, os gatos que passam por uma mudança de ambiente abrupta e de repente são levados a dormir por seis horas desenvolvem a seguir o dobro de conexões se comparados aos gatos que ficaram acordados.

O que acontece quando não dormimos? Alguém chamado Randy Gardner, com apenas 17 anos em 1965, para realizar um trabalho prático da escola, decidiu tentar não dormir por 11 dias seguidos. O pesquisador William Dement acompanhou Randy durante essa semana e meia e observou os seguintes acontecimentos. Nos primeiros dias, o cérebro começa a funcionar mal, Randy está irritado, com náuseas, esquecido e, sem dúvida, muito, mas muito cansado. No quinto dia, seus sintomas poderiam ser confundidos com a doença de Alzheimer: teve alucinações e ficou desorientado e paranoico. Nos últimos quatro dias do experimento, perdeu a função motora, seus dedos tremiam e quase não conseguia falar. Incrivelmente, atingiu seu objetivo, mas em um estado deplorável.

Sem dúvida, dormir é muito importante, tanto quanto a água que bebemos e o ar que respiramos. Passamos um terço de nossa vida dormindo. No entanto, a ciência não sabe exatamente por que precisamos dormir. Se conseguíssemos entrar em um cérebro, veríamos que ele parece não dormir nunca. Além disso, em seu estado de descanso, está extremamente ativo. O único momento em que há silêncio e se consome menos energia é no estado REM de sono mais profundo. Esse estado ocupa cerca de 20% de nosso tempo de dormir e 50% no caso dos bebês. Podemos dizer que, quando o cérebro dorme, em rigor não está descansando. Entretanto, durante o sono, outras partes do corpo descansam. Se pensarmos em termos evolutivos, deve haver algo realmente importante quando dormimos, porque dormir significava, na já conhecida savana africana, ficar completamente à mercê dos predadores.

---

> Quando você não usa um músculo, esse músculo não está fazendo muita coisa. Porém, quando seu cérebro supostamente não está fazendo nada, na verdade está fazendo muitas coisas.
>
> Marcus Raichle

---

Alguns experimentos comparam que dirigir sem ter dormido uma noite é tão perigoso quanto dirigir bêbado. Segundo outros estudos, pessoas muito emotivas e ansiosas tendem a dormir muito menos em momentos de crise ou estresse, enquanto as que ignoram suas emoções e se concentram mais nas tarefas dormem mais do que de costume nesses períodos.

Quem já não teve uma namorada ou um namorado que queria ir para cama cedo, enquanto nós poderíamos ficar com facilidade e sem esforço até as duas ou três da manhã assistindo a um filme ou saindo para comer? Ou vice-versa. A literatura científica estabelece que 10% da população são de cronotipos matutinos. Essas pessoas se levantam antes das seis da manhã sem despertador, preferem o café da manhã ao almoço ou jantar e quase não tomam café, mas vão dormir às nove da noite e seu pico de produtividade no dia ocorre algumas horas antes de almoçar. Não é o meu caso. Duas em cada dez pessoas são de cronotipos vespertinos, não se deitam antes das três da madrugada e sem despertador iriam até às 10 da manhã, pelo menos. Precisam de café, são produtivos por volta das seis da tarde e, naturalmente, gostam mais de jantar. Lamentavelmente, essas pessoas acumulam uma massiva quantidade de falta de sono. O resto de nós está entre os cronotipos extremos. Não podemos saber ainda quantas horas de sono são necessárias para funcionarmos da melhor forma possível. Os ciclos de sono variam de acordo com as pessoas, as idades, o sexo, durante a gestação ou passando pela puberdade. Mas podemos nos perguntar qual seria o mínimo. A resposta não é muito científica: se você acorda e sente que falta dormir um pouco mais, esse pouco mais somado ao que você já dormiu é seu mínimo para não prejudicar o cérebro.

Durante muito tempo, os cientistas acreditaram que a sensação de querer fazer a sesta ocorria por falta de sono noturno ou de um almoço farto. Hoje, alguns cientistas acreditam que uma noite longa de sono mais uma sesta curta à tarde resume o comportamento natural do sono nos seres humanos. Um estudo da NASA revelou que uma sesta de 26 minutos melhora o desempenho dos pilotos em mais de 34%, e outro estudo indica que uma sesta de 45 minutos aumenta o desempenho cognitivo durante as seis horas seguintes.

Quando preciso dar uma palestra depois do almoço, sei que será uma batalha difícil de ganhar.

A famosa expressão "consultarei o travesseiro" tem o aval de centenas de publicações que demonstram que uma boa noite de sono aumenta nossa capacidade de aprendizado em certo tipo de tarefas e, como já vimos, favorece o surgimento de *insights*. Aparentemente, a tarefa mais sensível está relacionada a aprender um procedimento.

### Satisfação

A evidência científica cada vez mais mostra que sonhar nos permite realizar todo tipo de conexões surpreendentes. Quando começamos a sonhar, deixamos de nos preocupar com a lógica, a verdade e o sentido comum. Em vez de censurar nossos pensamentos que divagam pela mente, abraçamos a liberdade de suas associações. Em seus sonhos, Keith Richards imaginou uma das canções mais influentes do *rock* mundial, em uma noite de maio de 1965: "I can't get no satisfaction".

As pessoas que fazem uma sesta e sonham nela, ao se levantarem, resolvem 40% mais desafios de associação do que quando acordam de manhã. Ao sonhar, o córtex pré-frontal se apaga, e assim ficamos expostos a um excesso de conexões surpreendentes. A maioria não servirá para nada, mas alguma delas pode ser a resposta no meio da noite para nosso desafio.

Estudos recentes mostraram que o ato de dormir mal inutiliza até um terço da capacidade de nosso sistema de aproveitamento da comida. Ou seja, começa a falhar a habilidade de produzir insulina e extrair glicose, a sobremesa favorita do cérebro. Um estudo recente mostrou que parte da química de uma pessoa saudável de 30 anos que se priva de sono por seis noites seguidas, e dorme apenas quatro horas, se transforma na química típica de uma pessoa de 60 anos. É necessário ter uma semana de bom sono para recuperar seus sistemas naturais. De modo que, para sermos mais produtivos, precisamos promover nos trabalhos as sestas curtas e os horários especiais para os 30% das pessoas que têm cronotipos matutinos ou vespertinos. Se você tiver uma prova, nada melhor do que uma boa noite de sono em vez de ficar estudando sem dormir. A nova memória ocorre quando as pessoas se submetem a uma nova informação que deve ser aprendida, como uma lista de palavras ou tocar uma peça ao piano. Como vimos, essas novas memórias são vulneráveis e podem ser esquecidas rapidamente. Para que permaneçam retidas, devem ser solidificadas no processo conhecido como consolidação da memória, mencionado anteriormente. Isso ocorre quando as conexões entre os neurônios e diferentes partes do cérebro se fortalecem. Durante muitos anos se pensou que isso acontecia com o tempo. Entretanto, em uma série de experimentos realizados em 2005, no Beth Israel Deaconess Medical Center de Boston, demonstrou-se que o tempo dedicado ao sono tem um papel essencial na preservação e consolidação da memória.

Se a pessoa não dorme o suficiente, é provável que tenha mais estresse, menor capacidade para tomar boas decisões e seja propensa a ganhar peso. E isso é só o começo. O ato de dormir mal está relacionado a um alto risco de sofrer ataques cardíacos.

Para conseguir uma boa noite de sono, tente o seguinte: programe horários regulares para ir para a cama e acordar. O corpo acostuma-se às rotinas diárias. Não consuma cafeína oito horas antes de se deitar. Faça exercícios aeróbicos (caminhar, nadar, correr) durante a tarde. Não faça isso duas horas antes de dormir. Durma em um quarto com boa ventilação, sem mudanças bruscas de temperatura e com janelas que possam cobrir a maior quantidade de luz possível. Se não conseguir escurecer o quarto, utilize uma máscara para dormir. Não use um despertador com números grandes e luminosos. Use uma fonte de som de fundo, como um ventilador, para bloquear os ruídos externos que possam incomodá-lo. Se preferir, use tampões de ouvido. Se não conseguir dormir nos primeiros 30 minutos depois de se deitar, levante-se e realize alguma atividade relaxante. Ficar deitado, estressado por não conseguir dormir, só piora as coisas.

### Dalí

O que Salvador Dalí fazia? Ele se sentava em uma cadeira bastante confortável e colocava um vaso no chão e apoiava a ponta de uma colher na borda, segurando a outra ponta com a mão. À medida que ia relaxando, quando começava a pegar no sono, a mão relaxada soltava a colher, e o ruído desta ao cair dentro do vaso o acordava. Dalí desenhava imediatamente, enquanto se despertava pelo barulho da colher no vaso, todas as imagens extravagantes e diferentes que apareciam em sua cabeça nesse estado de meio adormecido, meio consciente.

## No fim, tudo acaba para poder recomeçar

O que aprendemos?

Quando observamos algo que já vimos, entendemos e damos significado a essa coisa. Fazemos isso sem precisar gastar muito tempo e energia em análises. Esses padrões de pensamento, hábitos e rotinas vão se acumulando à medida que crescemos. Graças a eles, podemos simplificar muitas coisas e realizar a maioria de nossas tarefas rotineiras de maneira rápida e adequada.

Para ser criativos, devemos gerar variações por meio da combinação e da mistura de conceitos diferentes que alterem esses padrões de pensamento e nos forneçam várias alternativas novas. A mistura desses diferentes conceitos ativará nossa imaginação. As pessoas muito criativas não conseguem ideias incríveis porque são mais inteligentes, têm mais estudos ou estão mais predispostas geneticamente à criatividade. Essencialmente, seu trabalho é combinar diferentes conceitos de maneira inovadora. Essa é a ferramenta mais importante para criar cada vez mais ideias novas. Para isso, investem tempo e propósito em desenvolver sua energia criativa **concentrando** sua atenção em seu desafio criativo. Desfrutam do processo e são curiosas.

De fato, toda vez que sentimos, vemos, pensamos, falamos ou decidimos mover o corpo, ativa-se um padrão único de neurônios, uma rede particular. Todos esses neurônios se comunicam entre si por meio de um sinal, fazendo sinapse. Por exemplo, quando vemos um carro, certo padrão único de neurônios é ativado; porém, quando ouvimos um cão latir, ativa-se outro padrão de neurônios. *Grosso modo*, pensar de maneira criativa significa ativar outra rede única de neurônios que nunca esteve conectada. Além disso, investigando essas estruturas e como se constroem seus atributos, podemos começar a compreender cada vez melhor o processo do pensamento em geral.

### Relaxar não é comigo

Se para você é difícil pensar na noção abstrata do que é estar relaxado, você pode substituí-la por sentir calor e sensação de peso. De olhos fechados e em uma posição bem confortável, imagine que suas mãos, braços e pernas estão cada vez mais pesados e mais quentes.

Não é necessário pensar na palavra relaxamento; substituí-la por calor e sensação de peso ajudará você a relaxar.

Sem dúvida, a criatividade é uma das ferramentas mais importantes para a sobrevivência e a evolução dos seres humanos. Entretanto, muitas vezes a sociedade a considera um talento de pouco valor. A pressão social é cultivar sempre nossas habilidades racionais. Para desenvolver a criatividade ao máximo, nosso currículo educacional deveria incluir e estimular atividades associadas a ela. Depois que ficamos adultos, o mundo parece estar cheio de responsabilidades muito importantes e ações críticas. Contudo, muitas vezes confundimos o que é importante com o que é grave. Quando foi a última vez em que um leopardo nos atacou? Nossas ações podem ser críticas, mas quase nunca são situações que necessitam realmente de um juízo de valor veloz e rápido, uma emoção reativa quase instantânea como a de lutar ou fugir. Os desafios que enfrentamos atualmente necessitam, acima de tudo, de uma forma de pensar diferente. Podemos cultivar e promover isso. Precisamos de uma mudança cultural, rumo a outros valores, onde o lúdico também seja mais estimulado entre os adultos. Promover atividades que não tenham impacto real em nossa vida, nossa carreira, nossa renda, nosso estilo de vida ou no trato da sociedade. Deixar um pouco de sermos sempre certinhos e simplesmente tentar desfrutar de uma atividade pelo que ela é. Quando éramos pequenos, o estímulo nos incentivava a aproveitar ao máximo nosso entorno, em vez de sermos certinhos e precavidos. Com o tempo, nossos mecanismos de defesa começaram a participar mais das atividades e a enfatizar muito a necessidade de sermos precavidos e certinhos, para evitar todo tipo de dor física ou emocional. Isso nos transformou em pessoas sérias e práticas. A música, o teatro, as artes e as brincadeiras se transformaram em atividades puramente recreativas. No entanto, hoje a neurociência entende que todas essas atividades fazem que os músculos criativos se desenvolvam. **A formação de novas associações ou novos conceitos dentro de nossa mente ocorre, em geral, quando temos um espaço para relaxar, quando nossas conexões neurais dominantes preexistentes se enfraquecem.** Acompanhando as descobertas da ciência, todas as grandes tradições do mundo também enfatizam, desde tempos remotos, a tentativa de viver de modo a enfraquecer um pouco esses padrões de pensamento dominantes. Também exercitando noções mais ocidentais, como o perdão e a fé, promove-se e se obtém mais libertação dos padrões do pensamento dominante. Não precisamos viver como se todas as circunstâncias fossem de vida ou morte. Viver assim diminui a eficiência de nossos mecanismos de estresse necessários quando, na verdade, enfrentamos uma circunstância limite.

Em geral, associamos pensar de maneira criativa a projetos muitos especiais, um desafio importante no escritório, uma instalação artística, uma invenção, maior produtividade corporativa ou resolver algum problema de *design* de algum produto novo. Entretanto, no dia a dia, fora desses grandes desafios, continuamos utilizando mecanismos de pensamento com padrões dominantes, experimentamos e respondemos às situações no piloto automático. É preciso equilibrar este mecanismo de decisões automáticas com o pensamento criativo. Pensar de modo criativo, por meio das revelações, nos proporciona uma evolução contínua enquanto seres humanos, sobretudo nesses momentos em que o ambiente que construímos para nós se torna cada vez mais complexo.

Para nos beneficiar desse dom evolutivo, devemos ser mais conscientes de que estamos vivendo em modo automático; nossas finanças, carreiras, relações, pouquíssimas vezes temos tempo para reavaliar o que estamos fazendo com elas. Nós nos queixamos de que falta tempo para repensar a existência cotidiana e tentar levar uma vida mais criativa. Mas todos os atalhos que tomamos na vida, utilizando o piloto automático, muitas vezes exigem mais tempo e nos conduzem a comportamentos pouco eficientes, nos enganamos e nos infligimos muita dor. Pensar de modo criativo é a única forma de viver nossa vida, não a de outros. Em minha opinião, só podemos dizer com sinceridade que estamos vivendo quando, em vez de dar respostas habituais incessantemente, oferecemos a nós mesmos muitas possibilidades de tomar nossas decisões mediante um processo consciente. Isso só é possível quando se tem uma vida mais criativa.

---

> O inferno é um lugar onde nada está conectado.
>
> T. S. Eliot

---

> Seu tempo é limitado, então não o perca vivendo a vida de outro. Não fique preso no dogma, que é viver com os resultados do pensamento de outras pessoas.
>
> Steve Jobs

---

## Mapas mentais

Os mapas mentais são uma das ferramentas mais simples e poderosas para liberar seu potencial criativo. Foram criados pelo pesquisador britânico Tony Buzan, inspirado nos cadernos de Leonardo da Vinci. Hoje em dia, os mapas mentais são parte integral de cursos e métodos para resolver problemas e aprender melhor em muitas instituições educacionais e organizações. Você pode usá-los para objetivos pessoais, como planejar férias ou sua carreira, e para seu trabalho, ao preparar apresentações ou reuniões, estabelecer objetivos etc. No entanto, o mais valioso dessa prática é, que ao utilizá-los com frequência, treinam sua mente para ser um pensador mais equilibrado (usar os dois hemisférios do cérebro), como foi Leonardo da Vinci.

Imagine que você precisa redigir um artigo sobre o último filme a que você assistiu no cinema. Observe como sua mente trabalha no processo. Sua mente escreve parágrafos sobre o filme ou vai descrevendo as passagens mais importantes em forma de tópicos? Claro que não. É muito provável que as **impressões** que o filme deixou, **palavras-chave** e **imagens** estejam pairando em sua mente, todas se associando entre si. O mapa mental é um método para continuar o que seu cérebro faz de maneira natural, mas no papel. É uma expressão gráfica dos padrões naturais de pensamento. Lembre-se de que o banco de dados mais incrível do mundo está dentro de sua cabeça. Como vimos, a criatividade requer um equilíbrio entre a geração de ideias e sua organização posterior para serem selecionadas e escolhidas, ou não, como criativas e realizáveis. Em geral, o que ocorre é que sofremos de "organização prematura", tendemos a organizar primeiro em detrimento da produção de ideias. Os mapas mentais libertam você dessa tirania. É um convite a começar com rapidez a colocar uma quantidade enorme de informações em um espaço reduzido. Você pode ter todos os conceitos-chave de um tema ordenados de modo tal que o estimulem a encontrar relações entre eles. Justamente, a habilidade de encontrar conexões entre ideias faz que você seja mais criativo. Creio que, além de seu uso como ferramenta poderosa para melhorar sua eficiência em resolver problemas, planejar, comunicar, seu benefício mais importante é treinar você para ser um pensador mais flexível. Realizar mapas mentais regularmente desenvolve a espontaneidade, a clareza e a profundidade de seu pensamento, e algo que não deve ser desprezado: você está trabalhando e resolvendo desafios criativos enquanto se diverte.

### Técnica: Mapas mentais

Comece com a maior folha em branco possível e com cinco ou seis canetinhas ou lápis de cor. Coloque o papel na horizontal em relação a você. No centro da folha, desenhe ou represente com algum símbolo mais vívido possível o tema objeto de seu mapa. Não se preocupe com a qualidade do desenho. Use cores. Depois de representar sua imagem central, comece a escrever as ideias mais representativas em linhas que partem do centro. Depois, use mais palavras-chave e conceitos que comecem a formar uma árvore com muitos galhos. Deixe que as associações ocorram espontaneamente, tentando encher a folha o quanto antes. É fácil gerar ideias em forma de palavras-chave. Quando sentir que gerou material suficiente por meio de associações livres, observe o resultado. Todas as suas ideias espalhadas na folha. À medida que olhar, você começará a ver relações que o ajudarão a organizar e integrar suas ideias. Se descobrir alguma palavra que se repete, talvez signifique algo importante. Conecte diferentes partes do mapa com setas, códigos e cores. Elimine as partes que pareçam estranhas.

Não se esqueça de usar todas as imagens possíveis, pois são como âncoras para memorizar suas palavras-chave. Tente colocar apenas uma palavra por linha. Isso o treinará e o disciplinará para se concentrar a fim de encontrar a palavra correta, e assim seu pensamento se fortalece. O mapa mental pode ser infinito, pois só termina quando a informação que você gerou atinge seus objetivos.

# BIBLIOGRAFIA

## Livros

ACKERMAN, Diane. **A Natural History of the Senses**. New York: Vintage, 1991.

AMBADY, Nalini. **First Impressions**. New York: The Guilford Press, 2008.

ANDREASEN, Nancy. **The Creating Brain**: The Neuroscience of Genius. New York: Dana Press, 2011.

BATESON, Gregory. **Steps to an Ecology of Mind**: Collected Essays in Anthropology, Psychiatry,

Evolution, and Epistemology. Chicago: University of Chicago Press, 2000.

BEGLEY, Sharon. **Train your mind, Change your brain**: how a new science reveals our extraordinary potential to transform ourselves. New York: Ballentine Books, 2007.

BIRDWHISTELL, Ray. **Kinesics and Context**: Essays on Body Motion Communication. Pennsylvania: University of Pennsylvania Press, 1970.

BLAKESLEE, Sandra. **The Body Has a Mind of its Own**. New York: Random House, 2007.

BROOK, Peter. **O espaço vazio.** Rio de Janeiro, RJ: Apicuri, 2011.

BUZAN, Tony. **El poder de la inteligencia creativa**. México: Urano, 2003.

CARPENTER, Malcolm; SUTIN, Jerome. **Human Neuroanatomy**. London: Williams & Wilkins,1976.

CARTER, Rita. **The Human Brain Book**. London: DK ADULT, 2009.

CHRISTENSEN, Clayton. **The Innovator's DNA**: Mastering the Five Skills of Disruptive Innovators. Boston: Harvard Business Review Press, 2011.

CSIKSZENTMIHALYI, Mihaly. **Creativity**: Flow and the Psychology of Discovery and Invention. London: Harper Perennial, 1997.

_______. **Fluir**: Una psicología de la felicidad. Barcelona: Editorial Kairós, 1997.

DAMÁSIO, António R. **O erro de Descartes**. São Paulo, SP: Companhia das Letras, 2012.

DAWKINS, Richard. **O gene egoísta**. São Paulo, SP: Companhia das Letras, 2009.

DE BONO, Edward. **Creatividad**: 62 ejercicios para desarrollar la mente. Barcelona: Paidós Ibérica Ediciones, 2008.

DELOACHE, Judy. **How Children Develop**. Boston: Worth Publishers, 2010.

DEMENT, William. **The Promise of Sleep**: A Pioneer in Sleep Medicine Explores the Vital Connection Between Health, Happiness, and a Good Night's Sleep. New York: Dell, 2000.

DEUTSCH, George; SPRINGER, Sally. **Cerebro izquierdo, cerebro derecho**. Barcelona: Gedisa, 2008.

DIAMOND, David. **Theatre For Living**: The Art and Science of Community-Based Dialogue. Bloomington, IN: Trafford Publishing, 2007.

DICKINSON, Emily. **Poems**. Abington, PA: Visor, 2000.

DOIDGE, Norman. **The Brain That Changes Itself**: Stories of Personal Triumph from the Frontiers of Brain Science. London: Penguin, 2007.

DUGGAN, William. **Strategic Intuition**: The Creative Spark in Human Achievement. New York: Columbia University Press, 2007.

FISHER, Helen. **Why Him? Why Her?**: Finding Real Love By Understanding Your Personality Type. New York: Henry Holt and Co., 2009.

FLORIDA, Richard. **The Rise of the Creative Class**: And How It's Transforming Work, Leisure, Community, and Everyday Life. New York: Basic Books, 2003.

FOSTER, Jack. **How to Get Ideas**. San Francisco: Berrett-Koehler Publishers, 2007.

GALINDO, Javy. **The Power of Thinking Differently**: An imaginative guide to creativity, change, and the discovery of new ideas. Los Altos: Hyena Press, 2011.

GELB, Michael. **Da Vinci Decodificado**. Rio de Janeiro, RJ: Bertrand Brasil, 2005.

_______. **Descorche su creatividad**. Colombia: Grupo Editorial Norma, 2010.

GELB, Michael; CALDICOTT, Sarah. **Innovate Like Edison**: The Five-Step System for Breakthrough Business Success. New York, Plume, 2008.

GIGERENZER, Gerd. **Decisiones instintivas**. St. Harmon: Ariel, 2008.

GOLEMAN, Daniel. **O espírito criativo**. São Paulo, SP: Cultrix, 1998.

GORDON, Evian; Koslow, Stephen. **Integrative Neuroscience and Personalized Medicine**. New York: Oxford University Press, 2010.

GROSS, James. **Handbook of Emotion Regulation**. New York: The Guilford Press, 2009.

HEBB, D. O. **The Organization of Behavior**: A Neuropsychological Theory. London: Psychology Press, 2002.

KANDEL, Eric. **In Search of Memory**: The Emergence of a New Science of Mind. New York: W. W. Norton & Company, 2007.

_______. **The Age of Insight**: The Quest to Understand the Unconscious in Art, Mind, and Brain, from Vienna 1900 to the Present. New York: Random House, 2012.

KAUFMAN, James; STERNBERG, Robert. **The Cambridge Handbook of Creativity**. Cambridge: Cambridge University Press, 2010.

LEDOUX, Joseph. **El cerebro emocional**. St. Harmon: Ariel Publications, 1999.

LEHRER, Jonah. **Imagine**: How Creativity Works. Boston: Houghton Mifflin Harcourt, 2012.

LIPPMANN, Walter. **Essays in the Public Philosophy**. New York: The New American Library, 1964.

LYNCH, David. **Em águas profundas**: criatividade e meditação. Rio de Janeiro, RJ: Gryphus Editora, 2015.

MACLEAN, P. **The Truine Brain in Evolution**: Role in Paleocerebral Functions. New York: Springer, 1999.

MACLEOD, Hugo. **Ignora a todos** (Gestión del conocimiento). México: Urano, 2010.

MAYER, Richard. **Aprendizaje e instrucción**. Madrid: Alianza Editorial, 2010.

MEDINA, John. **Brain Rules**: 12 Principles for Surviving and Thriving at Work, Home, and School. Seattle: Pear Press, 2009.

MELTZOFF, Andrew. **Palabras, pensamientos y teoria**. Madrid: Visor, 2002.

MICHALKO, Michael. **Creative Thinkering**: Putting Your Imagination to Work. San Francisco: New World Library, 2011.

_______. **Thinkertoys**. México: Gestión 2000, 2001.

_______. **Cracking creativity**: Los secretos de los genios de la creatividad. México: Gestión, 2000.

PFENNINGER, Karl; SHUBIK, Valerie. **The Origins of Creativity**. New York: Oxford University Press, 2001.

PINKER, Steven. **Como a mente funciona**. São Paulo: Companhia das Letras, 2018.

PRADEEP, A. K. **The Buying Brain**: Secrets for Selling to the Subconscious Mind. New Jersey: Wiley, 2010.

RAINA, M. **The Creativity Passion**: E. Paul Torrance's Voyages of Discovering Creativity. Westport: Praeger, 2000.

RAMACHANDRAN, V. S. **The Tell-Tale Brain**: A Neuroscientist's Quest for What Makes Us Human. New York: W. W. Norton & Company, 2011.

RESTAK, Richard; KIM, Scott. **The Playful Brain**: The Surprising Science of How Puzzles Improve Your Mind. New York: Riverhead Hardcover, 2010.

RIZZOLATTI, Giacomo. **Las neuronas espejo**: Los mecanismos de la empatía emocional. Madrid: Paidós Ibérica Ediciones, 2006.

ROCK, David. **Your Brain at Work**: Strategies for Overcoming Distraction, Regaining Focus, and Working Smarter All Day Long. New York: HarperBusiness, 2009.

ROTH, Robert. **Meditación trascendental de Maharishi Mahesh Yogi**. Madrid: Oberon, 2003.

ROTHENBERG, Albert. **Creativity and Madness**: New Findings and Old Stereotypes. Baltimore: The Johns Hopkins University Press, 1990.

SLOTERDIJK, Peter. **Temperamentos filosóficos**: De Platón a Foucault. Madrid: Siruela, 2010.

SPERRY, Roger. **Beyond a World Divided**: Human Values in the Brain--Mind Science. Bloomington: iUniverse!, 2000.

STERNBERG, Robert. **The Nature of Creativity**: Contemporary Psychological Perspectives. Cambridge: Cambridge University Press, 1988.

SWEENEY, Michael. **Brain**: The Complete Mind: How It Develops, How It Works, and How to Keep It Sharp. Washington: National Geographic, 2009.

TODD, James. **Modern Perspectives on John B. Watson and Classical Behaviorism**. Westport: Greenwood Press, 1994.

WILSON, Edward. **Consiliência**: A unidade do conhecimento. São Paulo, SP: Campus, 1999.

WISEMAN, Richard. **El factor suerte**. Madrid: Temas de Hoy, 2003. Teste Criativo adaptado do *blog* de Josh Linkner: http://joshlinkner.com/blog/.

## Artigos científicos

ARMSTRONG, E. Relative Brain Size and Metabolism in Mammals. In: **Science** 220, n. 4603 (June 17, 1983), p. 1302-1304.

Arp, R. The environments of our hominid ancestors, tool-usage and scenario visualization. In: **Biol & Phil** 21, p. 95-117 (2006).

Benoit, O. *et al.* Habitual sleep length and patterns of recovery sleep after 24 hour and 36 hour sleep deprivation. In: **Electroencephogr Clin Neurophysiol** 50, p. 477-485 (1980).

Braver, T. S. *et al.* Neural mechanisms of transient and sustained cognitive control during task switching. In: **Neuron** 39, p. 713-726 (2003).

Burns, E. R. Biological time and in vivo research: a field guide to pitfalls. In: **Anat Rec** 261, p. 141-152 (2000).

Cole, W. *et al.* The Multitasking Generation. In: **Time** 167, p. 50-53 (2006).

Crone, E. A. *et al.* Neural evidence for dissociable components of task--switching. In: **Cereb Cortex** 16, p. 475-486 (2006).

Culotta, E. *et al.* Paleolithic technology and human evolution. In: **Science** 291, p. 1748-1753 (2001).

DeLoache, D. D. *et al.* Scale errors offer evidence for a perception-action dissociation early in life. In: **Science** 304, p. 1027-1029 (2004).

_______. Becoming symbol-minded. In: **Trends in Cognitive Sciences** 8(2), p. 66-70 (2004).

Dinges, D. F. *et al.* Cumulative sleepiness, mood disturbance, and psychomotor vigilance performance decrements during a week of sleep restricted to 4-5 hours per night. In: **Sleep** 20, p. 267-277 (1997).

Dolcos, F. *et al.* Interaction between the amygdala and the medial temporal lobe memory system predicts better memory for emotional events. In: **Neuron** 42, p. 855-863 (2004).

Dunbar *et al.* Evolution in the social brain. In: **Science** 317, p. 1344-1347 (2007).

Endestad, T. *et al.* Memory for pictures and words following literal and metaphorical decisions Imagination. In: **Cognition and Personality** 23 (2,3), p. 209-216 (2003).

Gale, G.; Martin, C. Larks and owls, and health, wealth, and wisdom. In: **British Med J**. 317, p. 1675-1677 (1998).

GOTTFRIED, J.; DOLAN, R. The nose smells what the eye sees: crossmodal visual facilitation of human olfactory perception. In: **Neuron** 39, p. 375-386 (2003).

GULEVICH, G. *et al.* Psychiatric and EEG observations on a case of prolonged (264 hrs) wakefulness. In: **Archives of General Psychiatry** 15, p. 29-35 (1966).

HIDI, S.; BAIRD, W. Strategies for increasing text-based interest and student's recall of expository text. In: **Reading Research Quarterly** 23, p. 465-483 (1988).

HOFFMAN, C. D.; DICK, S. A. A developmental investigation of recognition memory. In: **Child Dev** 47, p. 794-799 (1976).

JACOBS, W. *et al.* The molecular basis of neural regeneration. In: **Neurosurgery** 53, p. 943-950 (2003).

LARSON, J. *et al.* Morning and night couples: the effect of wake and sleep patterns on marital adjustment. In: **J. Marital and Fam Therapy** 17, p. 53-65 (1991).

LEWIS, M. D. The self-regulating brain: Cortical-subcortical feedback and the development of intelligence action. In: **Cognitive Development** 22, p. 406-430 (2005).

LIEBERMAN, M. D. Social cognitive neuroscience: a review of core processes. In: **Annu Rev Psychol** 58, p. 259-289 (2007).

MAYER, R. E. Multimedia learning: are we asking the right questions? In: **Educ Psych** 32(1), p. 1-19 (1997).

PELLI, D. G. The remarkable inefficiency of word recognition. In: **Nature** 423, p. 752-756 (1996).

PIHAL, W.; BORN, J. Effects of early and late nocturnal sleep on declarative and procedural memory. In: **J. Cogn. Neurosci** 9, p. 534-547 (1997).

PILCHER, J. J.; JUFFCUTT, A. J. Effects of sleep deprivation on performance: a meta-analysis. In: **Sleep** 19, p. 318-326 and 15, p. 29-35 (1996).

RAMSEY, N. F. *et al.* Neurophysiological factors in human information processing capacity. In: **Brain** 127, p. 517-525 (2003).

Raz, A.; Buhle, J. Typologies of attentional networks. In: **Nature Reviews Neuroscience** 7, p. 367-379 (2006).

Repacholi, B. M.; Gopnik, A. Early reasoning about desires: evidence from 14 and 18 month olds. In: **Dev Psych** 33, p. 12-21 (1997).

Rizzolatti, G.; Craighero, L. The mirror-neuron system. In: **Ann Rev Neurosci** 27, p. 169-192.

Semaw *et al.* 2.5 million year old stone tools from Gona, Ethiopia. In: **Nature** 385, p. 333-336 (1997).

Silk *et al.* Social components of fitness in primate groups. In: **Science** 317, p. 1347-1351 (2007).

Stenberg, G. Conceptual and perceptual factors in the picture superiority effect. In: **Eur J. of Cog Psych** 18(6), p. 813-847 (2006).

Stickgold, R. Sleep-dependent memory consolidation. In: **Nature** 437, p. 1272-1278 (2005).

Tanaka, J. Protein Synthesis and neurotrophin-dependent structural plasticity of single dendritic spines. In: **Science** 319, p. 1683-1687 (2008).

Esta obra foi composta em *Adobe Caslon Pro*
e impressa por Gráfica Exklusiva sobre papel
*Pollen Soft* 70 g/m² para Editora Hábito.